KB124680

지구를
위하는
마음

지구를
위하는
마음

오늘보다
무해한 내일을 만드는
심리학 수업

김명철
지음

웅

무엇이
지구를 위하는 행동을 가로막을까?

최근 나는 K-pop의 열성 팬인 영국의 한 스트리머 덕에 어떤 춤에 관심을 갖게 되었다. 스트리밍을 통해 쉴 새 없이 흘러나오는 음악을 듣고 공연 영상을 보다 보니 어느 순간부터는 노래가 나올 때마다 손동작을 따라 하며 어깨를 들썩거리고 있었던 것이다. 시대를 풍미한 곡 가운데 하나고, 전 국민이 한 번씩은 따라 춰봤다는 춤이었다. "신나 보인다. 나도 한 번 춰볼까? 그리 어렵지 않을 것 같아"라며 생애 처음으로 춤을 춰보겠다는 결심을 할 만도 했다.

청운의 꿈을 품은 나는 당당하게 가요 프로그램 공연 영상을 틀어놓고 연습을 시작했다. 놀라웠다. 흉내 내려는 모든 동작이 다 실패였다. 별것 아닌 듯싶던 손동작 하나조차 "어라? 이게 아니야?"라는 탄식을 자아냈다. 스텝이 한 번씩 꼬일 때마다 발목이 돌아가는 느낌도 들었다. 3분가량의 무대를 허우적거리며 따라 한 뒤에는 숨을 헐떡거리며 골반과 어깨에서 느껴지는 노골적인 통증을 음미하곤 했다.

너무 가벼운 마음으로 임했다는 생각에 전략 수정에 나섰다. 스텝부터 익혀야겠다며 발동작이 잘 보이는 영상을 틀어놓고 연습하고, 0.75배속 거울모드 영상을 찾아내 동작 하나하나를 뜯어보며 연구하기도 했다. 이후 0.75배속으로 따라 해도 스텝이 엉키고 거울모드로 봐도 좌우를 헷갈리는 내 모습을 보며 직감했다. 나는 결코 이 춤을 신나게 출 수 없을 거라고, 나라는 사람이 춤을 잘 추는 미래는 오지 않을 거라고 말이다.

"아, 이번 생은 망했구나."

'이생망'이라는 표현에도 담겨 있는 허탈한 감정을 영어로는 'Hopelessness'라 한다. 희망을 잃은 느낌이라는 뜻으로 심리학자들은 이를 '무망감(無望感)'으로 번역하곤 한다. 이는 목표를 이룰 방법을 알지 못할 뿐만 아니라 추구할 목표 자체를 찾지 못하는 상태이자 그로 인한 좌절, 우울, 비관주의에 젖은 상태다.

기회의 폭이 넓어지고 다양한 목표를 추구할 수 있게 된 현대에도 사람들은 무망감을 느낀다. 전쟁 통에 놓인 사람들이라면 무망감을 느낄 수 있다. 봉준호의 〈기생충〉에 나오는 것처럼 반복되는 경제적 좌절을 겪고 계층 상승의 기회를 박탈당한 사람 또한 무망감을 느낄 수 있다. 코로나 팬데믹과 같이 능동적 해결 방안이 딱히 없는 장기간의 시련을 겪을 경우에도 우리는 무망감을 느낄 수 있다.

그리고 오늘날 수많은 현대인에게 무망감을 느끼게 하는 문제가 한 가지 있다. 누구나 알고 있는 이 문제의 이름은 바로 기후변화다.

기후변화 문제에 목소리를 높이는 사람들의 말을 들어보면, 기후변화는 이미 돌이킬 수 없는 현상이며 얼마 가지 않아 우리의 삶을 광범위하게 파괴할 것이다. 데이비드 월러스 웰즈가 쓴 《2050 거주불능 지구》에 나오는 다음 문장이 책의 내용을 압축적으로 드러낸다.

"우리가 너무나도 태평하게 달려가고 있는 길이 바로 이와 같다. 2100년까지 기온이 섭씨 4도 이상 증가한다는 현실을 향해 질주하고 있는 것이다. (……) 단지 1도 상승이 가져오는 결과조차 세계대전이나 암 재발의 실상만큼이나 지켜보고 싶지 않을 것이다."

이와 같은 '4℃ 상승 시나리오'의 현실성에 의문이 제기된 후에는 '1.5℃ 마지노선'을 이야기하는 사람들이 급증했다. 산업화 이전보다 기온이 1.5℃ 올가라면 이때부터 빙하가 녹아 메테인을 뿜어내고, 거대한 탄소 포집기 역할을 하던 숲과 산호초를 비롯한 지상과 해양의 생태계가 돌이킬 수 없이 망가져 결국 온난화 현상이 비가역적으로 가속된다는 이야기다.

우리가 기후변화를 막고자 기울이는 노력과 무관하게 1.5℃ 선이 돌파될 것이라는 전망 또한 미디어를 통해 널리 유포되고 있다. 2021년 최신판 유엔 기후보고서가 나왔을 때, 각종 언론에서는 보고서가 담고 있는 다양한 내용을 제쳐놓고 "1.5℃ 선이 돌파되는 시점이 10년 앞당겨졌다"라고 보도했다. 세계의 산호초가 대규모 백화 현상을 보인다거나 그린란드의 빙하가 이미 회복될 수 없을 만큼 녹아내렸다는 이야기도 미디어의 단골 소재다.

이에 유럽을 중심으로 기후 재앙의 도래를 기정사실로 받아들인 뒤 현대 문명의 해체와 재구성을 논의해야 한다는 이들, 즉 '붕괴론자'들이 속속 등장하고 있다. 유명한 붕괴론자이며 프랑스 환경부 장관을 지내기도 한 이브 코셰는 다음과 같이 말한다.

"나는 앞으로 33년 동안 지구의 미래는 이미 대략 정해져 있다고 생각한다. (……) 2020~2050년은 인류가 가장 짧은 시간에 가장 큰 혼란을 겪는 시기가 될 것이다. 몇 년 차이는 있겠지만 이 시기는 3단계로 나뉜다. 그것은 우리가 아는 세계의 종말(2020~2030), 생존 단계(2030~2040), 그리고 재생의 시작(2040~2050)이다."

이런 절망적인 소식에 꾸준히 노출된 현대인들은 기후변화, 나아가 환경 이슈 전반에 대해 깊은 무망감을 느낀다. 우리에게 행동의 여지와 시간이 남아 있다고 생각하는 사람들마저 짧은 시간 동안 과격한 변화를 이루어야 한다는 사실에 압도되곤 한다. 마치 한 달 동안 해야 할 일을 하루 만에 하라는 지시를 받거나 한 학기 공부를 일주일 만에 따라잡으라는 요구를 받은 학생과 마찬가지다. 당장 1.5℃ 선을 넘지 않기 위해 우리 삶과 사회를 어떻게 갈아엎어야 하는지 아는 사람은 단 한 명도 없다.

지구는 우리 한 사람 한 사람의 적극적인 친환경 행동을 필요로 한다. 과거에도, 기후 재앙의 공포가 팽배한 오늘날에도, 불확실한 미래에도 마찬가지다. 그리고 우리가 적극적인 친환경 행동에 나서지 못하도록 방해하는 중요한 심리적 요인 가운데 하나가 무망감이다.

어떤 문제에 대해 희망이 없다고 느끼는 사람, 좌절에 빠진 사람은 문제를 해결하려는 행동에 나서지 못한다. 오히려 최대한 그 문제에서 주의를 돌리고자 문제의 존재 자체를 부인하거나 해당 문제에 대해 눈과 귀를 닫아버리려 하기 마련이다. 듣기만 해도 짜증이 나고 기분이 우울해진다면 코로나바이러스나 기후변화 이야기가 나오는 뉴스 따위 얼른 꺼버리는 게 상책 아니겠는가.

나아가 우울과 좌절에 빠진 사람은 문제가 되는 상황에 순응하는 행동, 즉 '적응 행동'을 함으로써 상황을 악화시키기도 한다. 무망감과 적응 행동의 관계를 보여주는 가장 좋은 사례라고 할 수 있는 우리나라 일제강점기의 역사를 잠시 살펴보자.

우리나라가 일제의 식민지가 되자 많은 사람이 독립운동에 나섰다. 이때 무력을 앞세워 투쟁했던 사람들 못지않게 글과 미술로써 민족의 문화를 수호하고 발전시킨 사람들 또한 많았다. 그러나 1930년대 후반에 접어들어서도 일제강점기가 끝날 기미를 보이지 않고 오히려 일본의 위세가 등등해져만 가자 많은 문인과 미술가들이 친일 부역자가 됐다.

불과 몇 년 뒤인 1945년에 일제가 패망했다는 사실을 우리는 알고 있지만, 당시에는 누구도 이런 예측을 하지 못했다. 1930년대 말부터 1942년에 걸쳐 일본은 중국을 침략하고 진주만을 불바다로 만든 뒤, 그들이 '대동아공영권'이라고 부른 광대한 동아시아의 영토와 바다를 손에 넣었다. 그뿐만 아니라 일제의 동맹인 나치 독일은 이 시기에 영국을 제외한 유럽 대부분을 점령하고 러시아 침공 작전에서 커다란 성공을 거두고 있었다. 바야흐로 암흑이 온 세상을 뒤덮어가던 시기, 자주독립의 희망을 잃은 이들은 "이제 일본인으로서 잘사는 수밖에 없어"라며 적응 행동을 시작했다.

우리나라 최초의 현대 서사시 '국경의 밤'으로 망국민의 애환을 노래하고 민족 문학지 〈삼천리〉를 창간했던 김동환은 1942년에 잡지 이름을 〈대동아〉로 바꾸고 일제의 대동아공영권 건설을 찬양하기 시작했다. 한국 현대문학의 아버지이며 1937년까지만 해도 일제에 저항하다가 도산 안창호 등과 더불어 옥살이를 했던 이광수는 1938년부터 갑자기 태세를 바꾸어 "내가 독립운동 좀 해봐서 아는데" 풍의 전향자 운동에 나섰다. 민족 미술의 부흥을 이끌던 여러 미술가도 조선총독부의 지도를 받으며 대동아공영권 건설을 찬양하는 그림을 그리고 징집을 독려하는 기사에 삽화를 얹었으며 전비 마련을 위해 제작된 부채에 그림을 그려 넣었다.

희망을 상실하고 공포와 좌절감에 압도당한 사람들은 이처럼 자신의 신념을 배신하고 적응 행동을 선택함으로써 상황을 악화시킨다. 문제를 해결하고 변화를 일으키는 것은 무망감이 아니라 희망, 목표, 자신감이다. 나치와 일제가 몰고 온 공포와 무망감으로부터 세계를 구한 이들 또한 압제와 공포 정치에 굴하지 않고 희망과 목표를 잃지 않았던 투사, 전사, 레지스탕스였다.

기후변화 또는 환경이라는 문제도 마찬가지다. 절망은 적응 행동을 낳는다. 한번 망가진 지구 환경은 돌이키기 어려운데 내가 할 수 있는 일도 딱히 없다고 하고 날씨는 계속 더워져만 가니, 에라 모르겠다 에어컨이나 빵빵하게 돌리며 살자는 식이다. 적응 행동의 부정적 효과를 고려했을 때, 그리고 기후변화와 환경문제에서 우리에게 명확한 희망이 있다는 사실을 생각해봤을 때, 오늘날 우리를 휘감은 좌절감은 반드시 퇴치해야 할 심리적 오염 현상이다.

희망과 효능감이야말로 다양한 생명이 공존하는 아름다운 미래로 우리를 이끌어줄 '지구를 위하는 마음'이다. 지구온난화를 늦추고 생태계의 다양성을 보존하는 등 사랑스러운 지구를 지키기 위해 우리가 할 수 있는 일은 사실 아주 많다. 이 책은 우리가 무망감에서 벗어나 적극적인 친환경 행동으로 나아가기 위해 어떤 현상에 주목하고 어떻게 행동해야 할지를 다루는 심리학책이다.

이 책에서 우리는 크게 세 가지 질문을 살펴볼 것이다. 첫째, 지구 환경의 미래와 관련해 우리는 어떤 희망을 품을 수 있으며 그 희망은 어떤 역할을 할 것인가? 둘째, 우리 주위에 팽배한 공포 메시지와 수치심 메시지를 어떻게 다루어야 하는가? 셋째, 너도나도 친환경 행동에 진심인 세상을 만들기 위해 우리는 어떻게 행동해야 하는가? 독자 여러분이 이 세 가지 질문에 대해 만족스러운 답을 얻기를 바라며 이야기를 시작한다.

차례

1부

희망 공포보다

어떤
마음이
지구에
이로울까?

1

심리학자들이
친환경 행동에 관심을 갖는 이유

'친환경 행동(Pro-Environmental Behavior)'이란 환경을 보존하고 개선하는 데 긍정적 영향력을 미치는 직간접적인 모든 행동과 생활 습관을 뜻한다. 기후변화 문제와 관련해서는 전기와 자동차 연료를 덜 씀으로써 온실가스 배출을 줄이는 행동이 특히 중요하다. 폐기물 줄이기, 환경 훼손 안 하기, 보호 운동 단체에 기부하기 등도 중요한 친환경 행동이다.

오늘날 종종 무시당하고 방해받기 일쑤지만 친환경 행동은 사실 아주 중요하다. 개인들의 친환경 행동은 각종 정책적 해결책을 실제 결과로 연결하는 유일한 고리이기 때문이다.

단적으로 우리나라의 기후 행동을 한번 살펴보자. 오늘날 세계 여러 나라는 지구 기온을 산업화 이전보다 1.5℃ 상승한 수준으로 묶어두는 것을 목표로 삼고 있다. 우리나라가 이 목표를 달성하기 위해서는 현재 연간 7억 톤 이상 배출하고 있는 온실가스를 5억 톤까지 줄여야 한다. 2억 톤, 즉 30퍼센트가량의 온실가스 배출을 감소시켜야 한다는 이야기다. 아무리 친환경 기술이 발전한 나라라고 해도 국민이 에너지 소비량을 고수하거나 더욱 늘려가는 와중에 이 정도로 온실가스를 감축할 수는 없다. 탄소 발자국의 종착지이자 탄소의 최종 소비자인 개인들이 움직일 때 비로소 국가와 기업의 노력이 의미를 갖는다.

개인들이 에너지 소비를 줄였을 때 얻을 수 있는 직간접적인 온실가스 감축 효과는 생각보다 크다. 우리나라 2,300만 대 차량의 차주가 걷든 자전거를 타든 대중교통을 이용하든 카풀을 하든 자동차를 10퍼센트만 덜 탄다면, 무려 1,000만 톤 이상의 온실가스 배출을 줄일 뿐만 아니라 나아가 더 큰 파급효과를 불러올 수 있다. 우리나라 2,000만 가구가 밥솥의 보온모드라는 하등 쓸모없는 기능을 사용하지 않기로 하면, 당장 600만 톤의 온실가스를 감축할 수 있다.

오늘날 심리학자들이 큰 관심을 보이는 부분이 바로 이와 같은 친환경 행동이다. 사람의 마음과 행동을 다루는 주제이기에 환경 이슈에 관심을 가진 심리학자들이 몰두하지 않을 수 없다. 그에 비례해 관련 연구 성과도 나날이 빠른 속도로 축적되고 있다. 1980년에 창간된 〈환경 심리학 저널(Journal of Environmental Psychology)〉은 원래 실내 환경이 인지와 소비 패턴에 미치는 역할이나 소음의 심리적 효과 등을 다뤘다. 하지만 21세기에 들어와 '친환경 행동과 기후변화'라는 섹션이 새로 생겨나더니 점점 비중이 늘어나 이제는 '전통 환경 심리학' 섹션에 맞먹을 정도가 됐다.

환경에 대한 논의는 넘쳐나지만 개인의 친환경 행동에 대한 관심은 점점 줄어들고 있는 이 기묘한 환경의 시대에 심리학자들의 친환경 행동 연구는 커다란 의미를 갖는다. "어떻게 하면 친환경 행동을 잘할 수 있을까?", "어떻게 하면 다른 사람들도 친환경 행동을 하게 할 수 있을까?" 이는 우리가 살아갈 지구의 미래를 위해 반드시 던져야 하는 질문이다. 동시에 친환경 행동의 실천과 확산에 관심 있는 이들에게 실질적으로 도움을 주는 질문이기도 하다.

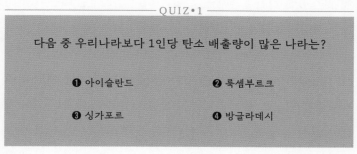

QUIZ·1

다음 중 우리나라보다 1인당 탄소 배출량이 많은 나라는?

❶ 아이슬란드   ❷ 룩셈부르크

❸ 싱가포르   ❹ 방글라데시

(정답은 261쪽에 있습니다)

상실의 메시지 vs. 회복의 메시지

어떻게 하면 친환경 행동을 잘할 수 있을까? 어떤 마음이 우리를 친환경 행동으로 이끌까?

매슈 화이트 등의 연구자가 2020년에 발표한 실험 연구 한 가지를 살펴보자. 상실의 메시지와 회복의 메시지 중 어느 쪽이 사람들을 친환경 행동에 나서게 하는지에 관한 연구다. 연구자들은 실험 참가자들을 여러 집단으로 구분해 지난 20년간의 종 다양성 변화에 대한 서로 다른 자료를 보여줬다. 이해를 돕기 위해 연구의 구조를 단순화해서 설명하면, 실험 참가자는 다음의 네 가지 자료 중 하나를 접하게 된다.

1. 20년 동안 특정 지역의 종 다양성 80퍼센트가 손실됐다는 내용의 자료
2. 20년 동안 특정 지역의 종 다양성 10퍼센트가 손실됐다는 내용의 자료

3. 20년 동안 특정 지역의 종 다양성 80퍼센트가 회복됐다는
   내용의 자료
4. 20년 동안 특정 지역의 종 다양성 10퍼센트가 회복됐다는
   내용의 자료

사람들은 각 자료를 읽고 어떤 반응을 보였을까? 어떤 자료
가 사람들에게 가장 깊은 인상을 남겼을까?

1번과 2번 자료를 접한 참가자들은 "그래서요?"라는 반응을
보였다. 상실의 메시지를 접하고 마음이 차가워진 것이다. 심지
어는 1번 자료와 2번 자료를 접한 사람들의 반응에 별다른 차이
가 없었다. 무려 80퍼센트의 종이 사라졌다는 자료를 보고도 사
람들은 종 다양성 10퍼센트가 손실됐다는 자료를 본 이들만큼
이나 냉담했다.

하지만 3번 자료와 4번 자료를 접한 이들은 커다란 감정적
반응을 보였다. 나아가 종 다양성 80퍼센트가 회복됐다는 이야
기(3번 자료)만큼이나 10퍼센트가 회복됐다는 이야기(4번 자료)에
도 깊은 인상을 받았다. 크든 작든 회복의 메시지는 사람들의 감
정에 호소하는 힘이 있었다.

이 연구는 '사람들은 멸종당하는 동물 이야기에 큰 충격을
받고 환경운동가가 될 거야'라든가 '사람들은 당연히 10퍼센트
가 멸종했다는 이야기보다 80퍼센트가 멸종했다는 이야기에 더
큰 충격을 받겠지'라는 생각이 잘못됐다는 것을 보여준다. 사람
들에게 자극을 주어 친환경의 세계로 이끌려는 의도와는 반대

로, 절망적이고 슬픈 이야기는 사람들의 희망을 빼앗아 움츠러들게 하고 자신이 할 수 있는 일이 없다고 느끼게 한다. '상실의 규모가 너무 작아서 사람들이 관심을 갖지 않는 것 아냐?'라는 생각에 갈수록 더 큰 상실에 대해 이야기해봤자 결과는 똑같다. 특히 상실의 메시지가 세상에 넘쳐날수록 메시지의 가치는 더 빠르게 줄어든다. 위 연구의 저자들이 말하듯이 우리는 많은 양의 부정적 메시지에 노출됐을 때 '부정적 이야기 피로감(negative story fatigue)'을 느끼기 때문이다.

부정적 이야기 피로감

부정적 뉴스나 이야기를 반복적으로 접할 때 느끼는 스트레스를 뜻한다. "아 좀 그만!"이라는 느낌과 우울, 냉담함 등으로 변주된다. 부정적 이야기 피로감 때문에 '뉴스를 많이 보면 불행해진다'라는 관념이 생기기도 했다.

반면에 아주 작은 희망이라도 발견한다면 자연을 생각하는 마음이 강해지고 환경과 멸종 위기 동물 보호를 위해 좀 더 적극적으로 행동에 나설 수 있다. 사람의 생각을 바꾸고 행동에 나서게 하는 것은 희망이다. 거대한 규모의 멸종 이야기만 듣다 보면 "그래서 나보고 어쩌라고요"라는 말이 절로 나온다. 반대로 적극적인 행동을 통해 이룰 수 있는 일이 무엇인지 구체적으로 알게 됐을 때 우리는 '철새들을 살리기 위해 내가 할 수 있는 일이 있어', '내 행동이 의미 있는 결과를 가져올 거야'라는 생각을 할 수 있다.

　지구 환경과 생태계의 미래는 결코 절망적이지 않다. 그렇다고 해서 우리가 마음껏 낭비하고 더럽히고 목을 졸라도 될 만큼 밝지도 않다. 오늘날 우리는 우리가 어떻게 행동하느냐에 따라 지구 환경과 수많은 생물(인간도 포함된다)의 행복이 좌우되는 상황에 놓여 있다. 풍요롭고 행복한 미래는 아직 우리에게 활짝 열려 있다. 우리가 희망을 가지고 지구 생명 일족을 위한 행동에 나서 각종 친환경 생활 습관을 계발해나간다면, 우리는 세상 어디를 여행하든 그곳만의 독특하고 풍요로운 생태가 우리를 맞이해주는 아름다운 지구를 누릴 수 있다.

그린 이즈 뉴 섹시?

내가 대학교에 다니던 무렵에는 환경에 대해 이야기하면 "환경
도 중요하지만 일단 사람이 먼저 아닐까?"라는 반응을 자주 접
하곤 했다. 이 말에는 20년 전 우리 머릿속에 박혀 있던 두 가지
생각이 반영되어 있다. 하나는 사람과 환경이 충돌한다는 생각
이다. 좌파와 우파를 막론하고 20년 전의 많은 사람이 이렇게 생
각했다. 또 다른 하나는 환경이라는 주제보다 민주주의, 경제 성
장, 선진화, 통일, 인권, 자유, 평등, 노동, 여성 등의 주제가 살짝
더 중요하다는 생각이다.

하지만 이제 세상이 바뀌었다. 사람들은 더 이상 환경과 인
간이 충돌한다고 생각하지 않는다. 오히려 보다 민주적이고 평
화롭고 풍요롭고 자유롭고 평등한 삶을 살기 위해서는 반드시
환경에 대해 이야기해야 한다고 생각한다. 짧게는 2050년, 길게
는 2100년과 그 이후의 세계를 꿈꾸려면 인간과 지구 생태계의
공존을 반드시 고려해야 한다고 생각한다.

우리의 인식이 얼마나 변화했는지를 잘 보여주는 연구가 있다. 팔로모 벨레스 등의 연구자가 2021년에 발표한 〈그린 이즈 뉴 섹시? 과시적 보호 행동의 로맨스(Is green the new sexy? Romantic of conspicuous conservation)〉는 친환경 행동을 하는 사람이 그렇지 않은 사람에 비해 더 섹시해 보이는지 알아본 연구다.

연구자들은 먼저 '시카고 얼굴 데이터베이스(Chicago Face Database)'라는 연구용 데이터베이스에서 평범한 외모의 남자 사진 12장과 여자 사진 12장을 골랐다. 그리고 네 가지 제품의 사진을 준비했다. 첫 번째는 값비싼 친환경 제품, 두 번째는 값비싼 보통 제품, 세 번째는 값싼 친환경 제품, 네 번째는 값싼 보통 제품이었다.

연구자들은 4개의 제품 사진을 남녀 얼굴 사진 24장에 무작위로 할당해 '이 사람이 이 물건을 샀습니다'라는 태그를 붙였다. 남자 1번 사진에는 '이 사람이 값싼 보통 제품을 샀습니다'라는 태그가 붙고 남자 2번 사진에는 '이 사람이 값비싼 친환경 제품을 샀습니다'라는 태그가 붙는 식이다.

이제 실험에 참가한 사람들은 저마다 반대 성별의 얼굴 사진 12장을 보고 그 사람과 사귀고 싶은 마음이 얼마나 드는지를 점수로 평가했다. 세상이 바뀌기 전에는 이런 종류의 실험을 했을 때 남녀 모두 비싼 물건을 산 사람을 선호하는 편이었다. 과거에도 녹색은 섹시한 색이었지만 어디까지나 돈다발의 녹색 얘기였다. 하지만 이 연구의 결과는 새로운 녹색이 섹시한 색으로 등극했음을 보여줬다. 사람들은 여전히 비싼 물건을 구입한 사람을 선호했지만 동시에 친환경 제품을 구입한 사람을 뚜렷하게 선호했다.

특히 값비싼 친환경 제품을 산 사람들이 가장 높은 평가를 받았다. 이런 사람들은 장기적으로 깊은 관계를 맺을 만한 이성이라고 평가받았다. 남녀 모두가 이런 식으로 평가했다는 점 또한 전통적으로 성차 따지기를 좋아하는 심리학자들이 예상하지 못한 부분이었다. '그린 이즈 뉴 섹시'는 앞으로 한동안 일반적인 사회현상으로 정착될 것으로 보인다.

친환경 제품을 샀다는 사실이 어쩌다가 더 섹시해 보이는 결과로 이어졌을까? 연구자들은 진화심리학과 게임 이론 등에서 자주 다루는 '값비싼 신호' 개념으로 이와 같은 결과를 설명한다.

값비싼 신호는 미국의 사회학자 소스타인 베블런이 창안한 '과시적 소비'라는 개념과 맥을 같이한다. 이는 사람들의 사치품 소비에 자신의 사회적 지위를 드러내려는 메시지가 담겨 있다는 개념이다. 누군가가 몸에 오렌지 잎을 문지르고 있다면 몸의 악취를 없애기 위해 그런 일을 하는 것처럼 보이겠지만, 비싼 향수를 뿌린다면 "나는 지위가 높은 사람들과 사교 활동을 할 준비가 되어 있답니다. 이렇게 비싼 향료로 품위를 높이고 있잖아요!"라고 알리는 효과가 있다는 것이다.

다시 말해 우리가 구입하는 평범한 일상용품은 우리의 정체성과 의도와 욕망과 열정을 드러내는 효과가 거의 없는 반면, 우리가 비싼 돈을 들여 소비하는 재화와 서비스는 곧바로 우리가 어떤 사람인지를 드러내는 효과를 발휘한다. 우리는 사치품을 통해 다른 사람들에게 말을 걸고 나를 어필하는 셈이다.

값비싼 신호란 큰돈을 들인 사치품처럼 많은 자원과 희생이 투입된 행동이나 특성을 뜻한다. 과시적 소비 개념을 생물학적·심리학적 영역으로 확장한 것이라고 보면 된다. 값비싼 신호는 동물과 인간에게 모두 적용 가능한 개념으로, 특히 유전자의 우수성과 성격적 강점을 드러내 짝을 유혹하는 데 활용되는 경우가 많다.

이를테면 수컷 공작새는 거대하고 화려한 깃털로 암컷을 유혹하는데, 만약 이 깃털이 누구나 힘들이지 않고 장만할 수 있는 물건이었다면 암컷들에게 별다른 감흥을 주지 못했을 것이다. 하지만 수컷 공작은 이 화려한 깃털 때문에 날지도 못하고 심지어 잘 걷지도 못한다. 그만큼 많은 것을 희생하고 유전적 강점을 짜내서 만든 깃털이기에 암컷들이 인정해주는 것이다.

친환경 행동은 공작의 깃털보다는 덜할지라도 분명 비용과 희생이 필요한 일이다. 일단 친환경 제품은 일반적인 제품들보다 대체로 비싼 편이다. 한편 돈을 아껴가며 할 수 있는 친환경 행동인 에너지 절약이나 식품 낭비 줄이기 등은 돈 대신 그에 합당한 시간과 노력을 필요로 한다. 그러므로 친환경 행동은 대부분의 경우 값비싼 신호로 기능해 행동 주체의 정체성과 내적 속성을 과시한다.

특히 친환경 행동은 우리의 이타성과 사회성을 드러내는 데 큰 효과를 보인다. 생태학자들과 경제학자들, 심리학자들은 지구 환경 파괴 문제를 인간의 이기심에서 비롯된 일종의 '공유지의 비극'으로 취급하곤 한다. 반대로 친환경 행동을 하는 사람은 공공의 자원을 보호하기 위해 눈앞의 이득을 포기하고 협력할 준비가 되어 있음을 다른 모든 이에게 과시하는 셈이다. 타인과 협력하는 능력 또는 사회성이야말로 사람을 진짜로 섹시하게 하며 배우자로서의 매력을 더해준다. 그렇기에 우리는 친환경 행동을 하는 사람에게 끌리게 된다.

공유지의 비극

생태학자 개릿 하딘이 만든 개념이다. 모두에게 개방된 목초지, 즉 공유지가 있을 경우 농민들이 자기 사유지는 아껴두고 공유지에만 가축을 풀어 결국 황폐해진다는 것이 공유지의 비극이다. 공유지는 누구나 접근할 수 있는 자원이지만 동시에 내가 소비하면 다른 사람이 소비할 수 없게 되는 경합적 자원이다. 따라서 남이 가축을 풀기 전에 내 가축들이 그곳에서 조금이라도 더 풀을 뜯게 하는 편이 이득이다. 모두가 이런 생각을 하기에 공유지는 빠르게 파괴된다. 우리가 숲, 토지, 하천, 공기와 같은 환경 자원을 경쟁적으로 착취해 환경을 망가뜨리는 과정도 공유지의 비극으로 설명할 수 있다.

사실 하딘이 공유지의 비극 개념을 만든 것은 복지국가를 비판하기 위해서였다. 하딘은 인간이 본질적으로 공유지의 비극을 초래할 수밖에 없는 이기적인 존재라고 봤다. 그래서 다수 민중에게 복지를 제공하는 현대의 여러 국가는 지구상에 이기적인 존재(즉 인간)를 폭증시켜 지구를 파괴할 것이라고 주장했다. 인간이 공동의 목표를 위해 이기심을 억누르고 협력할 수 있는 존재임을 망각한 하딘의 주장은 다방면에서 비판받고 주류로부터 멀어졌다. 그러나 공유지의 비극이라는 개념만은 오늘날까지도 회자되며 이기적 대중의 폐해를 경고하고 있다.

이런 이유로 이제는 비싼 스포츠카를 타는 사람보다 친환경차를 타는 사람이 더 섹시해 보이는 시대가 도래했다. 슈퍼카를 타는 사람들보다 하이브리드나 전기차를 타는 사람들이 왠지 더 있어 보이고 멋져 보인다. 자원을 아끼고 쓰레기가 적게 나오는 제품을 쓰는 사람이 섹시하다.

친환경 행동을 하는 사람이 섹시해 보이는 세상이라니! 지구를 위해 행동하고 친환경 생활 습관을 기르기에 더없이 좋은 조건이다. 하지만 여기서 살펴봐야 할 중요한 질문이 하나 있다. 친환경 행동에 대한 인식이 이토록 높아진 오늘날, 우리의 친환경 행동 수준 또한 그에 걸맞게 높아졌을까?

SF로 알아보는 인식의 변화

사람들의 생각이 이미 바뀌었다는 증거는 우리 주변 곳곳에서 찾아볼 수 있다. SF 팬인 나는 SF 문학의 변화를 통해서도 세상이 바뀌었다는 사실을 느낀다. 최근에는 2021년 출판된 SF 소설 모음집인 《에스에프널》을 읽고 그런 움직임을 체감할 수 있었다.

이 책은 일류 SF 편집자로 정평이 난 조너선 스트라한이 2020년에 나온 SF 중단편 가운데 가장 뛰어나다고 생각한 작품들을 모은 선집이다. 스트라한에 따르면 2020년 SF계에서는 작가들의 지리적 분포가 다양해져 인도, 한국, 나이지리아 작가들이 두각을 나타냄과 동시에 작품의 소재와 주제 면에서도 큰 변화가 있었다. SF의 작가 분포와 소재가 급변한 이유에 대해 스트라한은 "우리가 마침내 미래를 살고 있기 때문"이라고 말했다.

그는 스마트폰과 온라인 문화, 디즈니와 애플과 아마존 등과 함께 환경과 기후 재난을 우리가 살고 있는 '미래'의 표상으로 꼽는다. "이런 주제는 2000년대의 SF에서는 좀처럼 찾아보기 힘들지만, 지금은 우리 삶과 상상의 가장 중요한 화두이자 오늘날 우리가 목도하는 대다수 SF의 근간이다."

《에스에프널》에는 총 27편의 중단편 소설이 실려 있다. 최고 권위의 SF 문학상을 받았거나 후보에 오른 작품이 다수 포함되어 있다. 27편 가운데 환경과 생태계를 다룬 작품이 11편이다. 주제를 다루는 방향도 다양하다. 문어의 기억에 빙의해 산호초를 복원하는 이야기부터 생태주의 공동체, 폭풍의 시대와 해수면 상승 이후의 세계, 해양 자원 착취에 대한 이야기를 거쳐 다른 종을 대규모로 멸종시키는 행태나 다른 종을 용도에 따른 도구로만 취급하는 관념에 대한 비판까지 망라되어 있다. 《에스에프널》에 실리지 않은 여타의 SF 소설에서도 이런 경향은 뚜렷하게 나타난다. 미래를 그리는 것으로 알려져 있지만 사실은 당대의 사회와 사상을 강렬하게 반영하는 문학 장르인 SF에서 일어난 이와 같은 변화는 자못 의미심장하다.

환경문제를 중시함에도 불구하고

오늘날 우리의 친환경 행동 수준이 어느 정도에 이르렀는지 알게 해주는 몇 가지 지표가 있다. 우리나라 사람들이 얼마나 많은 양의 전기를 사용하고, 얼마나 많은 생활 폐기물을 배출하며, 얼마나 많은 연료를 소비하고 있는지에 대한 수치다. 각각 에너지 소비 줄이기, 폐기물 줄이기, 화석연료 소비 줄이기라는 핵심 친환경 행동 범주에 대응하는 생활 지표들이다.

먼저 우리나라의 전기 사용량을 살펴보자. 한마디로 우리는 전기를 엄청나게 소비하고 있고 소비량이 나날이 증가하는 추세다. 우리나라는 OECD 국가 중 2010년 이후로 1인당 전기 소비량이 가장 빠르게 늘어난 나라다. 그 결과 현재는 연간 전력 소비량이 세계 8위에 해당하는 수준으로 500테라와트에서 530테라와트 사이를 왔다 갔다 한다. 이는 우리나라보다 면적이 80배 넓은 나라인 오스트레일리아의 2배에 이르는 양이다. 세계 전력 소비량의 약 3분의 1을 차지하는 중국의 8페타와트에는 한참 못 미치지만 독일과 프랑스 등 우리보다 인구가 많고 고도로 산업화된 유럽 국가들은 이미 추월해버렸다. 부문별로는 산업, 상업, 가정이 4:2:1의 비율을 보인다. 전기 소비 지표만 놓고 보면 우리나라에서는 누구도 친환경 행동을 하지 않는 것처럼 보인다. 어떤 회사도, 어떤 음식점도, 어떤 가정도 전기 소비를 줄이기는커녕 나날이 늘려가고 있으니 말이다.

다음으로 생활 폐기물 배출량 추세를 살펴보자. 우리나라 사람들은 쓰레기 분리수거와 재활용 면에서 뚜렷한 강점을 보인다. 산업 폐기물과 가정 폐기물의 재활용률은 각각 90퍼센트와 60퍼센트에 이른다. 여러 선진국이 보이는 20~30퍼센트 내외의 재활용률에 비하면 우리나라는 세계에서도 손꼽히는 모범 국가라고 할 수 있다. 반면에 각종 폐기물량은 증가 추세다. 10년 전에는 하루 40만 톤 정도를 배출했지만 이제는 50만 톤을 넘어섰다. 절대적인 비중은 산업 폐기물이 높은 편이나 증가율 면에서는 가정 폐기물 또한 만만치 않다.

음식물 쓰레기 배출량 또한 꾸준히 증가해 이제는 하루에 1만 6,000톤의 음식물 쓰레기가 배출되는 수준에 이르렀다. 생산 및 유통 과정에서 마구 갖다 버려서 그런 것 아니냐고 생각할 수도 있지만, 나라가 잘살수록 음식물 쓰레기는 생산이나 유통이 아니라 소비자의 식탁에서 발생하게 되어 있다. 더군다나 음식물 쓰레기 처리를 어렵게 하는 혼합 배출 행태도 증가하고 있다. 퇴비나 사료로 가공할 수 없는 것들을 음식물 쓰레기에 섞어 버림으로써 재활용을 어렵게 하고 탄소 배출을 증가시킨다.

연료 소비량에서도 뚜렷한 친환경 변화의 징후를 찾을 수 없다. 특히 자동차 연료 소비량이 꾸준히 증가하는 추세다. 우리나라의 총 석유 소비량은 10년 전에 비해 10퍼센트 가까이 증가했다. 산업 부문과 소비자 부문의 석유 소비 비율은 줄곧 6:4 정도를 유지하고 있으므로 이는 기업과 소비자 양쪽 모두 석유 소비량을 늘려온 결과라고 할 수 있다. 소비자들의 석유 소비량에 커다란 영향을 미치는 것은 자동차의 연비다. 지난 10년간 자동차 연비가 꾸준히 개선됐으나 연료 소비량은 증가했다는 점은 우리가 점점 내연기관차를 더 많이, 더 오래 탄다는 사실을 뜻한다.

결국 전력 소비, 폐기물 배출, 연료 소비라는 세 가지 주요 지표를 놓고 봤을 때 우리는 환경을 위한 방향으로 또는 기후변화에 대응하는 방향으로 행동하지 않고 있다는 결론이 나온다. 오히려 그동안 해오던 대로 각종 소비를 무난히 늘려가고 있다. 신기한 일이다. 분명 환경문제에 대한 우리나라 사람들의 인식은 20년 전 또는 10년 전에 비해 훨씬 높아졌는데 왜 이런 현상이 나타나는 것일까? 오늘날에는 비닐이나 플라스틱을 많이 사용하는 사람을 보면 자연스럽게 눈살이 찌푸려지고, 기업들은 죄다 친환경을 강조하고, 정부는 넷 제로(Net Zero, 배출하는 탄소량과 제거하는 탄소량을 더했을 때 순 배출량이 0이 되는 것)를 운운하는데 어떻게 이런 현상이 벌어지고 있을까?

단순히 사람들이 무책임해서 또는 위기의식을 느끼지 못해서라고 치부하기는 어려워 보인다. 우리는 분명 예전보다 환경문제를 중시하고 이에 대해 높은 책임감을 느끼고 있다. 친환경 행동은 친사회성의 징후로 인식되고, 그렇기에 사람을 더 섹시해 보이게 하는 효과도 나타난다. 그럼에도 친환경 행동 지표들이 호전되지 않는다는 사실은 우리의 환경 인식이 친환경 행동으로 연결되는 것을 방해하는 심층적인 이유가 있음을 시사한다.

심리학자의 입장에서 걱정되는 부분이 바로 우리가 환경문제에 대해 갖는 무망감이다. 환경 이슈와 관련해 우리에게 무망감을 불러일으키는 요소에는 두 가지가 있다. 첫째는 우리 주위에 만연한 환경 공포 메시지이며, 둘째는 친환경 행동에 대한 낮은 효능감이다. 어떻게 하면 친환경 행동의 효능감을 높일 수 있을지는 2부에서 자세히 알아보겠다. 먼저 살펴볼 것은 우리 주위에 범람하는 공포 메시지의 효과다.

공 포 는
우 리 를
어 디 로
이 끄 는 가

2

담뱃갑 경고 문구는 담배를 끊게 할까?

우리의 환경 인식이 친환경 행동과 생활 습관으로 이어지지 못하게 하는 첫 번째 요인은 오늘날 우리 주변에 만연한 환경 공포 메시지다. 공포 메시지란 이를 듣고 보는 사람에게 공포와 불안을 불러일으킴으로써 원하는 목표를 달성하려고 하는 메시지를 말한다. 대표적인 예로 우리나라 담뱃갑에 명시된 다음과 같은 경고 문구를 들 수 있다.

- 폐암 위험, 최대 26배!
- 심장병 사망, 최대 4배!
- 흡연하면 기형아 출산 위험!

공포 메시지

공포 정서를 활용해 전달력과 호소력을 높이려 하는 메시지로, 효과 면에서 제한적이고 다양한 부작용을 수반한다.

세계적으로 널리 쓰이는 흡연 경고 문구 또한 'Smoking Kills'라는 짧고 강렬한 공포 메시지다. 장문으로 된 브라질의 담뱃갑 경고문에는 '담배에는 4,700가지 독성 물질이 들어 있습니다'라는 무시무시한 진술이 포함되어 있다.

이런 강렬한 경고 문구들과 이보다는 다소 얌전한 문구를 한번 비교해보자. 담배 좋아하는 나라 가운데 하나인 중국이 좋은 비교 대상이다. 중국의 담뱃갑에는 '담배는 건강에 해롭습니다. 금연 구역에서는 담배를 피우지 마세요', '담배를 일찍 끊으면 건강에 좋습니다', '초등학생과 중학생이 담배를 피우지 못하게 하십시오'와 같은 문구가 적혀 있다. 이 정도면 평범하다는 느낌이다.

'폐암 위험, 최대 26배!'라는 문구와 '담배는 건강에 해롭습니다'라는 문구를 비교하면 강한 공포 메시지를 만들고 전파하려는 측의 의도가 잘 드러난다. '심장병 사망, 최대 4배!' 메시지에 담긴 의도는 이 메시지를 본 사람들이 "헉! 뭐라고? 심장병이 4배?", "세상에나. 내가 이렇게 위험한 물질을 푸파푸파하고 있었단 말이야? 오, 신이시여"라고 느끼게 하는 것이다. 읽는 이의 공포심을 자극해 공포 정서가 가진 고유의 효과를 바탕으로 특정한 방향의 행동 수정을 노리는 방법이다. "심장병이 4배나?"라며 공포에 사로잡힌 사람은 메시지를 작성한 사람이 의도한 대로 담배를 끊게 될 가능성이 있다.

이론적으로는 그렇다. 공포 또는 불안이라는 정서가 워낙 강한 효과를 가지고 있기 때문이다. 책상 위에 사진 여러 장을 뿌려놓았을 때, 그 안에 공포를 불러일으키는 사진이 한 장이라도 끼어 있다면 우리는 다른 사진을 모두 무시하고 곧바로 그 사진에 주목하게 된다. 공포를 불러일으키는 대상을 탐지하는 인간의 능력이 그만큼 뛰어나다는 뜻이다.

또한 공포스러운 이미지나 문구는 단번에 기억에 박히는 데다가 쉽게 잊히지 않는다. 무서운 영화 포스터를 한 번 봤을 뿐인데 그 이미지가 머릿속을 떠나지 않고 결국 꿈자리까지 사납게 한 경험은 누구에게나 있지 않은가. 인간의 공포가 담당하는 역할이 이런 것이다. 나를 해할 수 있는 존재나 상황을 빨리 알아채서 그로부터 격렬히 도망치게 하는 역할, 그리고 한 번 나를 공포스럽게 한 대상은 영원히 기억하며 경계하게끔 유도하는 역할이다.

그렇기에 공포 메시지의 전달력 자체에는 의심의 여지가 없다. 우리는 다른 메시지보다 공포 메시지를 잘 포착하고 잘 기억한다. 하지만 과연 공포 메시지가 의도한 행동을 끌어내는 데에도 탁월할까? 그러니까 '폐암 위험, 최대 26배!'라는 문구로 눈길을 사로잡는 것을 넘어 실제로 담배를 끊게도 하느냐는 말이다.

널리 알려진 사실이지만 담뱃갑 경고 문구로 쓰이는 공포 메시지는 기대한 것만큼의 행동 변화를 끌어내지 못한다. 담배 끊기는 어려운 일이다. 적극적이고 끈기 있는 노력을 필요로 한다. 즉 금연은 '접근 금지! 고압 전류'라고 쓰인 표지판을 피해가는 일과는 심리적 방향성이 완전히 다른 일이다.

위험을 경고하는 표지판을 피해 가는 일은 단순한 회피 과제다. 지시하는 대로 뭔가를 하지 않기만 하면 된다. 어떤 일을 하지 않고 움츠러들어 조심하게 하는 데에는 공포 메시지가 즉효를 발휘한다. 반면에 금연은 고도의 중독성을 지닌 담배라는 물질에서 벗어나려는 행위이기에 적극적이고 지속적인 노력이 필요하다. 소극적이고 회피적이며 숨고 도망가는 마음으로는 해낼 수 없는 인생의 위업이다. 이런 일을 하는 데 우리를 움츠러들게 하는 공포 메시지는 변화의 계기를 마련하는 측면에서나 적극적 변화의 추진력과 지속력을 보장하는 측면에서나 무력하다.

친환경 행동을 하고 친환경 생활 습관을 만들어나가는 것도 금연만큼이나 적극적인 변화를 요구하는 일이다. 스스로 변화의 방향을 결정하고 노력을 기울여야 하며 오랜 기간 흔들림이 없어야 한다. 사람이 이런 일을 해내기 위해서는 희망과 목표가 있어야 하며, 작지만 지속적으로 제공되는 긍정적인 보상이 필요하다. 따뜻한 희망, 손에 잡히는 목표, 내가 중요한 역할을 할 수 있다는 낙관적 전망 등이 적극적 변화를 이루어내는 핵심 요인들이다. 공포 메시지는 오히려 이런 핵심 요인들이 작동하지 못하게 하는 역효과가 있다.

"우리 모두 100퍼센트 뒈진다잖아요!"

안타깝게도, 환경과 지속 가능성을 고민하며 적극적인 사회운동을 펼치는 사람들이 강렬한 공포 메시지를 발신하는 모습을 종종 보곤 한다. 각종 환경문제가 야기할 수 있는 재앙에 가까운 결과를 강조하며 우리가 가차 없이 종말의 길로 걸어가고 있음을 보여주는 식이다. 환경, 생태계, 지속 가능성에 대해 무심하고 냉담한 사람들의 주의를 사로잡기 위함이다.

2021년 말에 공개되어 화제를 불러일으킨 영화 〈돈 룩 업(Don't Look Up)〉은 기후변화 문제를 혜성 충돌이라는 긴박하고 절대적인 재앙에 비유해 현대 미국 사회의 기후 인식 문제를 꼬집고자 한 작품이다. 파리기후변화협약이 조인될 때 유엔에서 연설을 하기도 했던 열성 기후변화 운동가 레오나르도 디카프리오가 주인공을 맡았다.

영화에서 가장 중요하고 웃긴 장면 가운데 하나는 지구를 향해 날아오는 혜성을 발견한 민디(레오나르도 디카프리오 분)와 디비아스키(제니퍼 로렌스 분)가 처음 TV 쇼에 출연해 패닉에 빠지는 장면이다. 미국 환경운동 진영의 진심을 드러낸 것으로도 볼 수 있고 자신들의 사회적 소통 능력 부족을 자조하는 것으로도 볼 수 있는 이 장면에서 디비아스키는 시청자들을 향해 이렇게 외친다.

"죄송한데 저희 말이 어렵나요? 저희가 하려는 말은 지구 전체가 파괴될 거란 얘기예요. 지구 전체가 파괴된다는 소식은 재밌으면 안 되는 거예요. 무섭고 불편해야 할 소식이라고요. 매일 밤 지새우면서 울어야 해요. 우리 모두 100퍼센트 뒈진다잖아요!"

〈돈 룩 업〉은 미국에서 기후변화 이슈가 봉착한 처참한 상황을 보여준다. 미국의 양대 정당인 공화당과 민주당(그리고 각각의 지지 진영)은 예로부터 환경문제를 정쟁의 무기로 즐겨 사용해왔다. 민주당은 환경주의를 활용해 공화당 정치인들과 지지자들을 부도덕하고 무지한 이들로 매도했다. 공화당은 민주당과 환경운동 진영이 허황된 공포로 고국의 기업과 국민을 공격하고 있다고 주장했다.

싸움은 민주당 대통령인 지미 카터가 백악관 옥상에 태양광 패널을 설치하자 후임인 공화당 대통령 로널드 레이건이 이를 철거해버리는 식의 유치한 방식으로 진행됐다. 민주당의 빌 클린턴과 앨 고어가 환경주의를 전면에 내세우자 이들과 대통령 선거전을 치르던 부시 대통령('아버지 부시'라고 불리는 쪽이다)은 이들을 '오존맨'이라고 부르며 비웃기도 했다.

이런 정치적 갈등이 폭발해 세상 많은 사람의 혼을 빼놓은 일이 바로 도널드 트럼프의 파리기후변화협약 탈퇴였다. 2015년 체결된 파리기후변화협약은 당시 유엔 사무총장이었던 반기문을 비롯해 세계 여러 나라 리더들이 각고의 노력을 기울인 끝에 이루어낸 것이다. 가히 21세기의 역사를 특징지을 만한 세계적인 협력 체계라고 할 수 있다.

그런데 도널드 트럼프가 세계에서 두 번째로 많은 온실가스를 배출하는 나라인 미국을 이끌고 협약에서 탈퇴해버렸다. 협약을 지지하던 이들은 당연하게도 도널드 트럼프의 행동을 후퇴가 아니라 공격으로 받아들였다. 트럼프에게는 거창한 데이터와 전문가들의 목소리조차 필요하지 않았다. 기후변화가 미국 기업들에 족쇄를 채우기 위한 속임수라는 말만으로 그는 지지자들을 규합하고 미국을 움직였다. 참으로 대담한 포퓰리즘이다.

기후변화 담론을 버락 오바마나 힐러리 클린턴 등의 '워싱턴 엘리트들'이 떠받드는 허황된 이슈로 전락시켜버린 트럼프의 정치적 수완 때문에 공화당 진영에서는 기후변화를 부정하거나 기후변화의 인간 책임 부분을 부인하는 여론이 조직화됐다. 이런 분위기는 미국의 환경운동가들에겐 기후변화보다 더 무시무시한 것이었다.

이에 따라 지난 몇 년 사이 미국과 유럽 기후운동가들의 말과 글과 다큐멘터리도 부쩍 거칠어졌다. 기후변화 자체를 부정하는 사람들 또는 인간 때문에 기후가 변화한다는 사실을 부정하는 사람들에게 악을 질러대야 했기 때문이다.

레오나르도 디카프리오나 《2050 거주불능 지구》의 저자인 데이비드 월러스 웰즈 등은 사람들의 친환경 행동을 촉진하기 위해 책을 쓰고 영화와 다큐멘터리를 찍는 것이 아니라 반대 진영과 싸우기 위해 강렬한 공포 메시지들을 발산하기 시작했다. 결과적으로 이들은 환경운동과 공포 메시지를 한 몸으로 만드는 데 커다란 역할을 수행하고 말았다. 공포의 환경운동은 환경 이슈의 정쟁화가 낳은 괴물일 뿐 결코 효과적이거나 올바른 사회운동이 아니다.

가공된 공포

이쯤에서 우리는 공포 메시지를 두 가지로 구분할 수 있다는 점을 따져봐야 한다. 첫 번째는 누가 봐도 명백하게 공포스러운 사실을 전달하는 경우다. '접근 금지! 고압 전류'라는 경고문이 그와 같다. 이런 경고문을 작성할 때는 사실의 특정 부분을 강조하거나 메시지의 효과를 상승시킬 다른 방안을 궁리할 필요가 없다. 읽는 이들이 메시지에 특별한 해석을 가미할 여지도 없다. 그냥 하지 말라는 일을 안 하면 된다. 이와 같은 즉각적이고 직접적인 경고문에는 '공포 메시지'라는 으리으리한 이름조차 붙여주지 않는다. 따로 경고문의 창작 과정이나 수용 메커니즘을 분석하지도 않는다.

반면 공포 메시지의 두 번째 형태, 즉 학자들의 연구 대상이 되고 마케터들의 분석 대상이 되는 공포 메시지는 단순한 경고문이 아니다. 담뱃갑에 실린 경고 문구나 〈돈 룩 업〉의 공포 메시지는 팩트가 아니라 의도를 전달하는 메시지이며, 메시지의 효과를 극대화하기 위해 팩트의 가공도 서슴지 않은 메시지다.

'폐암 위험, 최대 26배!'라는 문구를 찬찬히 생각해보자. 이 말이 무슨 뜻인지 확신을 가지고 다른 사람에게 설명해줄 수 있는 사람은 거의 없을 것이다. 담배를 피우면 안 피우는 사람에 비해 폐암에 걸릴 확률이 26배 높다는 걸까? 아니면 폐암에 걸린 사람 가운데 흡연자의 비율이 비흡연자의 26배라는 말인가? 폐암은 폐암이지 폐암 위험이라는 말은 또 뭘까? 공포 메시지는 이처럼 최대한의 공포 감정을 끌어내기 위해 과장, 생략, 비약 등 여러 기술이 사용된 메시지다.

2017년에 출간되어 공포 환경운동의 대명사가 된《2050 거주불능 지구》를 통해 오늘날 우리 주변에 범람하는 공포 메시지의 본질을 파악해보자. 이 책은 우리에게 무망감을 불러일으킬 정도의 환경 재앙 메시지로 가득 차 있다. 언론인 출신의 저자 데이비드 월러스 웰즈는 과장을 통한 공포 메시지 극대화에 전력을 다하면서 의도적으로 미래 기후변화 시나리오 중 가장 극단적인 것을 선택하고, 그 극단적인 시나리오에 수반되는 여러 결과 중에서도 가장 극단적인 것들을 골라 보여준다.

단적으로 우리의 현실은 웰즈의 주장과 달리 기온이 4℃ 이상 상승한 미래를 향해 질주하고 있지 않다. 파리기후변화협약에 서명한 나라들이 열심히 노력하면 1.5℃ 상승하는 수준에 그칠 가능성도 있다. 현실적으로 따져봤을 때도 기온이 4℃ 이상 상승하는 시나리오는 1.5℃ 또는 2℃, 3℃ 상승 시나리오에 비해 가능성이 가장 작다. 그럼에도 웰즈는 유엔 기후보고서에 나오는 최악의 시나리오를 채택하고 이에 따른 가장 극단적인 예상 치들(산불 6배, 뎅기열 발병 800만 건 증가 등)을 제시했다.

이처럼 그럴듯하지 않은 가능성이나 아예 그 확률을 알 수 없는 가능성에 대해 이야기하면 메시지는 논증과 논쟁의 영역에서 급격히 믿음의 영역으로 넘어가 버린다. 즉 환경과 생태라는 이슈가 과학적 이슈에서 종교적 이슈로 변질되는 것이다. 종교란 신과 귀신, 조상님들의 존재와 지옥, 연옥, 천국, 영생, 환생, 열반과 같은 검증 불가능한 가능성을 믿기로 선택하는 것과 관련이 있다. 이를테면 나는 대학 시절에 자기가 기독교를 믿는 이유에 대해 이렇게 설명하는 사람을 만난 적이 있다.

"하나님 믿는 편이 현명한 거야. 천국과 지옥 때문에 그래. 하나님을 믿었는데 알고 보니 천국도 없고 지옥도 없더라 치자. 그래도 우린 손해 보는 게 없잖아. 하지만 지옥이 실제로 있는데 하나님을 안 믿는다면 끝장인 거야."(이 주장의 원본이 궁금한 분들은 파스칼의 《팡세》를 읽어보시길 바란다.)

기후변화의 미래에도 검증 불가능한 여러 가지 가능성이 존재한다. 그중에는 우리가 상상할 수 있는 최악의 결과들도 있다. 그리고 검증 불가능한 최악의 결과들을 근거로 들어 말하기 시작하면 이는 논쟁이나 설득이 아니라 포교가 된다.

웰즈는 또한 말 한마디를 일관되게 누락해 공포 효과를 극대화하기도 했다. 바로 '산업화 이전에 비해'라는 말이다. 이 한마디를 빼놓고 기후변화 시나리오와 파리기후변화협약 목표를 이해하려고 하면 미묘하지만 결정적인 오해가 발생한다. 이를테면 파리기후변화협약의 주요 골자는 온실가스 배출을 감소시켜 2100년의 기온이 '산업화 이전에 비해' 1.5℃ 상승하는 선에서 멈추자는 것이다. 여기서 유의할 점은 지구의 기온이 이미 산업화 이전, 즉 1800년경보다 1℃ 정도 상승한 상태라는 점이다. 그러니 기후변화 2℃ 시나리오는 사실 지구 기온이 앞으로 1℃ 더 상승하는 상황을 이야기하는 것이다.

웰즈는 다분히 의도적으로(아니면 헛갈려서 그랬을 수도 있다) 산업화 이전이라는 기준선을 가진 기후변화 시나리오들이 '지금부터' 1.5℃, 2℃, 4℃가 상승하는 시나리오인 것처럼 언급하면서 이때 무슨 일이 벌어질지를 이야기한다. 기온이 지금보다 1.5℃, 2℃, 4℃ 상승한다는 것은 산업화 이전보다 4℃, 6℃ 가까이 상승한다는 뜻이니 그만큼 무서운 일들이 벌어지기 마련이다. 4℃ 상승 시나리오에 대해 웰즈가 언급한 다음 내용을 살펴보자.

"지난 40년이 넘도록 세계 경제 성장률이 5퍼센트를 달성한 적이 없다는 점을 생각할 때, 1℃ 상승당 경제 성장률이 1퍼센트포인트 떨어진다고 계산하면 2100년에는 세계 경제가 성장할 가능성 자체가 아예 사라진다는 뜻이다."

그가 계속해서 기준선을 혼용하는 탓에 독자는 이 책에 나오는 상승 온도별 재앙 시나리오들을 정확히 이해하기가 어렵다. 그럴 만도 한 게 웰즈의 책은 독자들의 정확한 이해를 도모하는 책이 아니다. 이 책이 어떤 목표를 가지고 있는지는 다음과 같은 앤드루 솔로몬의 추천사에 정확하게 요약되어 있다.

"데이비드 월러스 웰즈는 의도적으로 무시무시한 격론을 벌인
다. (……)《2050 거주불능 지구》가 우리 눈앞에 놓인 아마겟돈
에 관해 끊임없이 쏟아내는 강렬한 묘사를 읽다 보면 유성으
로 한 대 얻어맞은 느낌이 든다. 모두가 이 책을 읽기를 바란
다. 그리고 두려워하길 바란다."

기후변화의 기준선

기후변화란 세계적인 산업화 이전에 비해 지구의 평균기온이
얼마나 올랐는지를 뜻한다. 2021년 판 IPCC(Intergovernmental
Panel on Climate Change, 기후변동에 관한 정부 간 패널) 보고서는
1850년부터 1900년 사이의 평균기온에 비해 지난 10년간의
평균기온이 얼마나 상승했는지로 기후변화를 정의했다. 1850
년경은 지난 2000년을 통틀어 지구가 가장 시원했던 시기에
해당한다. 하지만 인류가 본격적으로 화석연료를 사용하기 시
작하면서 대기에 이산화탄소가 축적되어 기온이 급상승했다.
현재의 지구 기온은 1850~1900년 기준선보다 1.07℃ 오른 상
태다. 기온이 이 정도로 상승한 것은 10만 년 만에 처음 있는
일이다.

산업화 이후의 지구 기온은 대기에 축적된 이산화탄소의 양에
정비례해 증가했다. 오늘날에는 약 2,390기가톤의 이산화탄소
가 대기 중에 축적되어 있다. 우리가 당장 오늘부터 온실가스

를 배출하지 않는다고 해도 축적된 이산화탄소의 영향이 바로 사라지지는 않을 것이므로, 기후 온난화 추세는 21세기 중반까지 무조건 지속될 것으로 보인다.

다만 지구가 얼마나 더워질 것인지는 중국, 미국, 독일, 일본과 우리나라 같은 주요 당사국들의 온실가스 감축 노력 여하에 달려 있다. 연간 40기가톤에 이르는 현행 온실가스 배출 수준을 2050년까지 유지하다가 감축을 시작한다면 3℃ 상승 선이 위협받게 된다. 반면 지금 당장 온실가스 배출 곡선을 완만한 감소 추세로 돌려놓는다면 2100년의 기온은 산업화 이전보다 2℃ 상승하는 선에 머물 것이다.

우리 모두의 목표라고 할 만한 1.5℃ 선에서 기후변화를 저지하려면 적어도 2040년까지는 전 세계의 온실가스 배출량을 연간 20기가톤, 즉 현재 수준의 절반으로 떨어뜨리고 2060년까지는 넷 제로를 달성해야 한다. 미국과 유럽의 온실가스 배출은 이미 감소 중이다. 중국과 인도 등 배출량이 크게 증가하고 있는 나라들이 이에 호응하고 우리나라와 일본처럼 답보 상태에 있는 나라들이 움직인다면 1.5℃ 선을 지키는 것이 영영 이루지 못할 꿈도 아니지 않을까.

무망감에 더욱 빠져들게 할 뿐

환경운동가들이 발산하는 공포 메시지는 친환경 생활 습관 전파라는 환경운동의 핵심 목표를 달성하는 데 별 보탬이 되지 않는다. 메시지 전달에 실패해서 그런 게 아니다. 오히려 그들의 의도대로 사람들이 2050년이나 2100년에 지구 환경이 파멸에 이를 것으로 믿으며 공포에 떨게 된 것이 문제다. 공포는 우리의 주의를 붙잡고 기억에 똬리를 트는 감정임이 분명하지만 적극적인 변화를 끌어내기에는 적절하지 않은 감정이기 때문이다.

공포 메시지는 일반적으로 반짝 효과만 거둘 뿐 장기적인 변화를 끌어내지 못하는 전략으로 유명하다. 그 첫 번째 이유는 공포가 기본적으로 우리를 움츠러들게 하는 정서이기 때문이다.

공포 정서는 인간이 동물과 공유하는 즉각 반응 체계다. 공포 자극을 접하게 되면(어두운 풀숲에서 바스락거리는 소리가 난다거나 눈앞에 뱀이 나타난다거나 갑작스러운 굉음이 들린다거나 하면) 사람과 동물은 일단 동작을 멈추고 주변의 모든 자극에 모든 감각을 열어

둔 상태가 된다. 전문용어로는 '행동 억제 체계'가 발동됐다고
하며, 쉽게 말하면 무서워서 얼어붙은 상태다.

높은 곳을 무서워하는 사람을 번지점프대에 세워놓으면 단
한 발자국도 내딛기를 완강히 거부하는 석상과 같은 상태가 된
다. 로드킬을 당하는 동물들도 공포 정서의 행동 억제 기능 때문
에 생과 사가 갈린 경우다. 동물이 도로를 건너다가 자동차가 빠
른 속도로 다가오는 것을 보면 공포심에 사로잡혀 도로 위에서
얼어붙고 마는데, 그 때문에 자동차에 치일 가능성이 더 커진다.

행 동 억 제 체 계

공포의 즉각적 반응은 목과 심장 등 신체의 중요 부위와 장기
를 보호하는 자세로 움츠러들어 움직임을 멈추는 것이다. 이는
공포 정서의 행동 억제와 방어적 특성을 잘 보여주는 반응이
라고 할 수 있다.

공포는 사실 야생동물과 인간의 생존에 결정적인 도움을 주
는 정서다. 행동을 멈추고 주위의 자극에 모든 감각을 열어놓는
다면 위험이 어디서 다가오는지 정확히 파악해 그와는 반대 방
향으로 도망갈 수 있다.

공포는 또한 인간의 학습과 사회경제적 삶에도 도움을 준다.
예컨대 뇌에 외상을 입어서 공포를 느끼지 못하게 된 사람은 경
제생활에 큰 어려움을 겪을 가능성이 크다. 보통 사람이라면 재
산 대부분을 신종 하이 리스크 암호화폐에 쏟아붓는 일 따위 상

상도 할 수 없을 것이다. 하지만 공포를 느끼지 못하는 사람은 매수 버튼을 눌렀을 때 어떤 무서운 일이 벌어지는지 학습할 수 없기에 보통 사람들로서는 생각할 수 없는 방식으로 자산을 탕진하곤 한다.

공포 메시지는 우리가 전기 철조망을 만지지 않고, 사자와 곰으로부터 도망치고, 도박적인 투자를 하지 않게 해준다. 그렇다고 해도 공포는 행동을 억제하는 방향으로 작용하는 정서이고 목표로부터 도망가는 행동을 촉진하는 정서라는 사실을 잊어서는 안 된다. 지구의 생태계와 기후의 미래에 대해 공포심을 느끼면 우리는 얼어붙게 되고, 심지어는 관련 이슈로부터 도망치려는 모습을 보인다.

더군다나 이미 우리의 기후는 망가져 버렸고 생태계는 파괴됐으며 아무리 노력해봤자 아마겟돈을 막을 수 없다는 이야기는 공포감뿐만 아니라 무망감이 팽배하게 한다. 이런 메시지들은 환경문제와 지구온난화 문제를 해결하려는 노력을 북돋기는커녕 망해가는 세상에 적응해서 내 한 몸의 이익이나 챙기고 보자는 행동을 촉진한다.

나아가 과도한 환경 재앙 메시지는 환경운동가들의 사고방식 또한 극단으로 치우치게 한다. 그도 그럴 것이 스스로 세상이 이미 돌이킬 수 없이 망조가 들었다고 선언한 마당에 그 해결책으로 '온순한' 소비자 운동 따위를 지지하고 있을 수는 없기 때문이다.

서론에서 다룬 붕괴론자들의 입장이 이와 같은 극단적 사고

방식에서 출발한다고 할 수 있다. 기후변화에 대한 저명한 다큐멘터리 〈내일〉을 만든 시릴 디옹은 이 작품에서 재생에너지를 부각했다는 이유로 붕괴론자들에게 많은 비판을 받았다고 한다. 붕괴론은 환경 재앙이 자명한 현실로 다가왔기 때문에 현대의 정치·경제체제를 무너뜨리고 인류 문명을 재설계하는 것 외에는 지구를 위한 다른 대안이 없다고 생각하는 극단적 환경주의다. 그들이 시릴 디옹에게 "재생에너지와 같은 쓸데없는 기술을 찬양하다니 제정신인가?"라며 욕을 퍼부은 것이다.

자연을 사랑하고 환경을 생각하는 대부분 사람에게 붕괴론자나 극단적 환경주의자의 주장은 한 가지 의미를 가질 뿐이다. 사랑하는 지구를 위해 우리가 할 수 있는 일이 아무것도 없다는 것. 공포 메시지에 기초를 둔 결과 스스로 패배주의에 빠지고, 그럼으로써 기후변화를 부정하는 사람들이나 환경문제에 무관심한 사람들보다 더 맹렬히 친환경 행동의 가치를 부정하게 된 사례라고 할 수 있다.

행 동 은
희 망 에 서
비 롯 되 고
희 망 은
사 랑 에 서
비 롯 된 다

3

자연이 뭐길래

공포는 우리를 움츠러들게 하고 무망감을 갖게 한다. 반면 희망은 우리를 앞으로 나아가게 하고 다소간의 불편과 노력을 감수하게 한다. 인간은 마음속 깊이 사랑하는 대상이나 목표가 아니고서는 희망을 품지 못하는 존재다. 사랑하는 이에게 나쁜 일이 생겼을 때는 상황이 아무리 안 좋다고 해도 희망을 발견하려 한다. 열정을 품은 인생 목표를 추구할 때도 마찬가지다. 반대로 사랑하지 않고 열정을 품지 못한다면 약간의 어려움에도 쉽사리 의지가 꺾이곤 한다. 사랑은 희망을 낳고, 희망은 우리에게 목표의식과 에너지와 끈기를 불어넣는다.

사람들은 대체로 자연을 사랑한다. 인간이 자연을 사랑한다는 것은 너무도 당연하거나 공허한 이야기로 들릴 수 있지만, 사실 심리학자들에게 이는 참으로 신기한 현상이다. 도대체 자연이 뭐길래 사람들이 그리도 사랑한단 말인가? 혈연관계인 것도 아니고 닮지도 않았고 말도 안 통하는 대상을 도대체 왜 사랑하는 것일까? 심지어 오늘날에는 많은 사람이 자연 또는 다양한 생태계의 구성원들과 한데 어우러져 살지도 않는데 말이다.

이런 점을 고려하면 우리가 자연을 생각하거나 자연 속에 있을 때 느끼는 긍정적 감정을 설명하기 위해 '바이오필리아 가설(biophilia hypothesis)'을 제안하는 이들이 나타난 것도 당연한 일이다. 이는 인류가 자연에 대한 사랑을 본능으로 간직하고 있다는 가설이다. 우리말로 옮기면 '자연애 본능 가설'(또는 '녹색 갈증 가설')이라고 할 수 있다. 위대한 심리학자이자 철학자인 에리히 프롬이 이 용어를 도입한 이후 미국의 생물학자 에드워드 윌슨이 저서 《바이오필리아》를 통해 널리 알렸다.

바이오필리아

바이오필리아는 자연을 뜻하는 '바이오(bio)'에 사랑을 뜻하는 그리스어 '필리아(philia)'를 덧붙인 단어다. 필리아는 에로스(성적인 사랑), 아가페(무조건적 사랑 또는 신의 사랑), 스토르게(본능적 사랑 또는 부모의 사랑)에 대비되는 우애적인 사랑을 뜻한다. 오늘날에는 좋든 나쁘든 모든 종류의 애착과 성애를 지칭하는 단어에 필리아라는 말이 결합되어 쓰인다. 필리아의 반대말로는 '포비아(phobia)'가 있는데, 이 또한 오늘날 각종 공포증을 지칭하는 심리학 용어로 사용된다. 광장공포증을 뜻하는 '아고라포비아(agoraphobia)'가 대표적인 예다.

바이오필리아 가설은 사람들의 관심을 끌었으나 많은 비판

을 받기도 했다. 어떤 심리 현상에 본능이라는 이름을 붙일 때는 매우 신중해야 한다. 현상이 발생하는 메커니즘을 정교하게 탐구하지 않고 본능 딱지를 남발하다 보면 그야말로 인간이 보이는 모든 독특한 행동에 죄다 본능이란 단어가 붙게 되기 때문이다. 사랑하는 것도 본능, 전쟁을 일으키고 살인을 하는 것도 본능, 창조하는 것도 본능, 답습하는 것도 본능이라면 도대체 어느 쪽이 참된 본능인지 알 수가 없다. 본능 딱지를 남발하는 일이 지적 태만으로 취급받는 이유가 이것이다.

또한 우리는 사람이 본능과 교육의 상호작용을 통해 만들어진다는 사실을 잊어서는 안 된다. 만약 우리에게 강력한 생명 사랑 본능이 있다면 매일같이 자연과 벗하며 살아가는 사람들은 압도적인 본능에 사로잡혀 자연에 손 하나 대지 못하고 살아야 할 것이다. 그러나 실제로 자연에서 사는 사람들은 대부분 어부, 나무꾼, 사냥꾼, 광부, 농부다.

나아가 자연은 사랑스럽고 아름답고 긍정적이기만 한 것이 아니라 무서운 것이기도 하다. 우리는 햇볕이 내리쬐는 숲속을 거닐며 새소리 듣는 일을 사랑해 마지않지만, 동시에 한밤중의 공원 덤불에서 뽀스락거리는 소리만 들어도 머리털이 삐죽 선다. 깊고 어둡고 미지의 소리와 움직임으로 가득한 자연은 인간에게 유구한 공포의 대상이다. 오죽하면 정신 분석의 3대 대가 중 한 명이자 범문화적 원형 이론으로 유명한 카를 융(나머지 두 대가는 지그문트 프로이트와 알프레드 아들러다)이 숲을 위협, 사로잡힘, 질식과 마비를 상징하는 원형으로 파악했을까. 결국 자연에 대

유네스코 세계문화유산인 캄보디아 앙코르와트의 따쁘롬 사원은 유적을 휘감아 무너뜨리는 나무뿌리들로 유명하다. 카를 융은 동서고금의 신화에서 이처럼 '휘감는 뿌리'가 질식과 마비의 상징으로 등장한다는 점을 들어 인간이 오래도록 숲에서 두려움을 느껴왔음을 강조했다.

한 사랑은 인간의 본능이라기보다 우리가 안전하게 자연을 경험하며 긍정적 경험을 했을 때 형성되고 축적되며 증폭되는 것으로 봐야 한다.

자연에 반하는 이유

명확한 단점들이 있음에도 바이오필리아 가설은 자연 사랑에 대한 관심을 환기하고 이에 대한 각종 연구를 촉발하는 결과를 낳았다. 한 예로 자연의 효능을 인지심리학 관점에서 다루는 '주의 회복 이론'이라는 것이 있다. 자연에는 우리를 기분 좋게 하는 저강도 자극(새소리, 꽃향기, 자연색 등)이 많다. 그 덕분에 자연에서 오랜 시간을 보낼수록 지쳐 닳아 해지고 먹먹해진 우리의 주의지각 능력과 작업기억 능력이 활기를 되찾을 수 있다는 이론이다. 정확한 메커니즘을 두고 찬반 의견과 연구 증거가 엇갈리는 편이지만, 자연 자극이 인지 능력을 향상시키는 것만큼은 확실하다는 공감대가 형성돼 있다.

또한 우리가 사랑에 빠지는 '자연의 형태'를 규명하려는 연구들도 이어졌다. 이른바 자연의 조형미라는 개념이다. 이를테면 우리는 어떤 건축물에는 입을 다물 수 없는 경외감을 느끼고 또 어떤 건축물에는 입을 다물 수 없는 혐오감을 느낀다. 세계의

| 타지마할 | **VS** | 오페라하우스 |
| 아오야마 공대 | | MI6 본부 |

많은 사람이 아름답고 멋진 건물이라고 평가하는 타지마할과 시드니 오페라하우스, 그리고 많은 사람이 추하다고 평가하는 아오야마 공대 건물과 MI6 본부의 차이는 무엇일까?

명물 건축과 흉물 건축을 두루 비교해보면 아무래도 자연의 형태를 닮은 건축물이 아름답다고 여겨진다는 사실을 알 수 있다.

뛰어난 건축가이자 저술가인 크리스토퍼 알렉산더는 《질서의 본질(The Nature of Order)》에서 사람이 한눈에 매력을 느끼는 자연의 속성을 정리해 설명했다. 그는 먼저 자연을 부분의 합으로 바라보지 말라고 말한다. 오히려 전체가 부분을 만들어낸다고 봐야 할 정도로 자연은 전체 상이 어떤지가 가장 중요하다. 낱낱의 세부가 기가 막히게 어우러져 불가분의 전체를 이루는 현상은 '장 효과(field effect)'라는 개념으로 설명할 수 있다. 장 효과를 만들어내는 15가지 자연의 조형미를 정리하면 다음과 같다.

크기 변화

중심들의 자연스러운 크기 변화가 서로를 강조하며 아름다운 장 효과를 만든다.

앵무조개의 황금 비율 나선

단단한 심부+경계

자연물은 단단한 심부를 갖는다. 또한 심부를 둘러싼 작은 중심들이 심부를 강조하며 어우러진다.

옥수수 단면

변화하는 반복+부분의 완결성+좋은 형태

은은한 변화를 이루며 반복되는 중심들이 아름다운 장 효과를 이룬다. 중심 하나하나는 완전하고 좋은 형태를 지닌 하나의 전체다.

장미

대칭

중심들 하나하나가 대칭의 요소를 가지고 있다.

나비

은은한 융합+대비

중심들은 제3의 은은한 중심 속에서 융합되지만 동시에 뚜렷이 구분되는 특성으로 서로를 강조한다.

오크라 단면

점진적 변화＋거침＋반향

중심들은 공통된 자연력을 바탕으로 하기에 근본적인 유사성을 띠며, 서로 간의 관계에 따라 거칠지만 점진적으로 변화한다.

사막 사구　　　파도

공허

텅 빈 중심의 존재가 다른 중심들을 강조한다.

깊은 숲속의 햇살

단순함과 내면의 고요＋연결

자연물은 불필요한 부분이 없기에 단순하면서도 장엄하며, 중심들이 서로 연결되어 있기에 안정적이고 평화롭다.

난초

중심

크리스토퍼 알렉산더는 '부분' 대신 '중심(center)'이라는 용어를 쓴다. 부분이 모여서 전체를 낳는 것이 아니라 전체가 그 일부이자 작은 전체들인 '중심'을 형성한다는 뜻이다. 전체성에 중심을 둔 알렉산더의 관점에 잘 부합하는 용어라고 하겠다.

이와 같은 자연의 조형미는 특별한 동식물에 하나씩 숨어 있는 것이 아니다. 우리 주변에 널린 모든 나무와 풀과 동물과 숲과 지형은 이런 특성들을 몇 가지씩 지니고 있다. 우리가 자연

을 경험할 때면 이런 요소들이 우리를 자극해 아름다움과 편안함, 웅장함, 호기심, 활기를 느끼게 한다. 안전한 상황에서 자연의 조형미에 젖어 드는 황홀한 경험을 하고 나면 우리는 자연에 대한 사랑에 빠지게 된다.

자연이 인지 능력을 회복시키고 심미적 쾌감을 주고 정서적 만족감을 주는 덕분에 우리는 자연 속에서 각종 긍정적인 심리적 효과를 얻을 수 있다. 도시에 사는 사람들도 평소 공원을 자주 다니거나 주말에 자연을 경험한다면 우울과 불안이 감소하고 행복감을 더 많이 느끼게 되며 삶에 대한 만족도가 향상된다. 자연에서 2~3일씩 체류하는 경험을 하면 이와 같은 치유 효과가 증폭되기에 우울증을 치료하고 각종 중독과 폭력적인 행동을 개선하는 효과도 있다.

자연에서 하는 대부분 활동이 우리를 좀 더 행복하고 건강하게 해주지만 전문가들은 맨몸으로 자연에 뛰어드는 형태의 경험이 가장 바람직하다고 말한다. 자연 속에서 할 수 있는 다양한 활동의 효과를 비교한 연구(Wolsko, Lindberg & Reese, 2019)에 따르면, 차를 타고 드라이브를 하거나 보트를 타고 바다를 항해하는 등의 활동으로는 자연이 주는 긍정적 효과를 만끽하기 어렵다. 주마간산이라는 표현을 통해서도 알 수 있듯이 우리는 말을 주요 이동 수단으로 활용하던 시절부터 이런 사실을 깨닫고 있었던 듯하다. 또한 사냥이나 낚시와 같은 활동도 자연의 수혜를 입는 일과 거리가 멀다. 이는 지극히 구체적인 목표를 가진 활동이기에 비록 몸은 자연 속에 있다고 해도 마음이 온통 사냥감에 쏠려 있을 수밖에 없다.

그 대신 걷기의 효과는 일관적이고 강력하다. 자연에서 몇 시간 또는 며칠을 걷는 것은 자연이 주는 긍정적 정서를 만끽하며 건강까지 챙길 수 있는 최고의 활동이다. 더불어 카약 타기와 같은, 느리고 조용하며 자연에 많은 주의를 기울일 수 있는 레크리에이션도 효과적인 것으로 밝혀졌다.

자연을 경험하는 일이 자연 사랑으로 이어진다는 말에는 자연을 경험하지 못하면 자연을 사랑하는 사람이 될 수 없다는 의미가 담겨 있다. 자연을 직접 경험하지 못할 때는 문명의 이기를 통해 자연 사랑에 빠질 수도 있다. 특히 자연 다큐멘터리를 보면 그 효과가 크고, 심지어는 동물원을 방문하는 것도 자연을 사랑하게 하는 효과가 있다. 이것이 공포 메시지를 비롯한 온갖 네거티브 커뮤니케이션이 결코 불러오지 못하는 효과라는 점에 주목하자.

귀여움이 지구를 구한다

크리스토퍼 알렉산더가 정리한 15가지 조형미 외에 우리가 자연과 사랑에 빠지게 하는 중요한 요소가 한 가지 더 있다. 바로 귀여움이다. 크리스토퍼 알렉산더의 15가지 조형미는 아름다움, 장엄함, 엄숙함, 초연함 등의 감정을 통해 자연에 대한 사랑과 경외심을 촉발한다. 반면 귀여움은 애착, 끌림, 돌봐주고 싶은 마음을 통해 자연과 인간을 밀착시킨다.

오늘날 지구 생태계 보호에 가장 크게 기여하는 존재가 바로 귀여운 동물들이다. 이들은 우리가 자연과 생태계에 관심을 갖고 행동하게 하는 데 가히 치명적인 역할을 한다. 우리는 평소 동식물의 멸종이나 식용 가축들이 처한 열악한 상황에 대해 눈을 감기도 하고 "왜 나한테 이야기하느냐"라며 짜증을 내기도 한다. 하지만 귀여운 동물들이 멸종 위기에 처했다는 소식을 들으면 내면 깊은 곳으로부터 끓어오르는 분노를 느끼며 이런 상황을 개선해야 한다는 주체할 수 없는 열정을 품게 된다. 귀여운 동물들을 보호하기 위해 서식지를 보존하고 생태 교란을 방지하다 보면 귀여운 동물들 주변의 여러 생물 또한 이득을 본다. 이 귀여운 동물들은 자연과 생태계 보존에 대한 우리의 의식 수준을 높이는 역할도 거뜬히 수행한다.

귀엽다는 것은 미소나 아름다움과 마찬가지로 인간의 사회적 본성을 강하게 자극하는 특징이다. 손을 내밀고 싶고 가까이하고 싶고 지켜주고 싶고 오래도록 함께하고 싶고, 설령 이 모든 것이 불가능하다고 해도 이들이 어디선가 잘 먹고 잘 살았으면 좋겠다고 생각하게 한다.

귀여움의 정체는 널리 알려진 '베이비 스키마(baby schema)'라는 개념으로 설명할 수 있다. 동물의 새끼와 인간의 아기는 성체에 비해 머리와 얼굴과 몸체가 동글동글하고 눈이 상대적으로 크며 가냘픈 목소리로 귀를 자극하는 경우가 많다. 하나같이 부모의 양육 본능을 자극해 부모와 자식 간의 끈끈한 애착 관계를 구축하게 해주는 특성들이다.

베이비 스키마

오스트리아의 동물학자 콘라트 로렌츠가 주창한 개념이다. 사람이 귀여움을 느끼고 돌봐주고 싶게 하는 얼굴과 몸의 특성들을 가리킨다. 우리말로는 유아도식 또는 유아도해라고 옮기며 덩그런 눈, 볼록한 이마, 조그만 턱 등이 대표적이다.

여기서 인간과 다른 동물들의 차이가 드러난다. 다른 동물들의 경우에 베이비 스키마는 주로 부모와 자식 간의 관계를 구축하는 데에만 효과를 보인다. 다른 개체의 새끼에게 귀여움을 느껴 거두어 키우는 경우나 다른 종의 새끼에게 귀여움을 느끼는 동물은 찾아보기 어렵다. 반면 인간의 사회성과 애착 형성 능력은 '초사회성'이라고 불릴 만큼 확장성이 뛰어나다. 우리는 다른 사람들과 협력하며 서로의 아이를 돌보고 서로의 자원을 지키고 노동을 분업할 줄 안다. 바로 이 점 때문에 인간은 다른 동물들의 집단보다 훨씬 크고 복잡하며 탄탄한 공동체를 이룰 수 있었다. 또한 우리는 바로 이런 초사회성 때문에 귀여운 동물들조차 우리가 지켜줘야 하는 존재라고 여긴다.

그러므로 지금껏 수많은 사람을 보호주의자 또는 생태주의자로 만든 동물이 곰이라는 사실도 그리 놀랍지는 않을 것이다. 곰은 우리 선조들의 목숨과 식량을 위협했던 강력한 동물이지만, 현대인은 곰을 지키기 위해 환경주의자가 되곤 한다. 설령 다른 종들보다 곰들이 처한 상황이 훨씬 양호하다고 해도 우리는 도마뱀이나 곤충이 아닌 곰을 지키려 한다.

곰은 우리에게 심각한 인지적 혼란을 불러일으키는 동물이다. 거대한 몸집과 펀치 한 방에 사람을 날려 보낼 정도의 무력을 갖고 있지만 머리도 몸도 귀도 코도 눈도 동글동글한 게 "귀엽잖아?"라는 느낌을 준다(실로 치명적인 착각이지만 우리가 고도 문명을 이룬 대가로 지불하는 대가이니 어쩔 수 없다). 게다가 아기 곰들은 어마어마하게 귀엽다.

그리하여 지구 각지의 곰들은 서식지의 자연 생태계를 보호하는 귀여운 전사들이 되어 인간의 이기심을 억제하고 자연과 공존하려는 노력을 북돋우고 있다. 이를테면 북극곰은 세계적으로 기후변화에 대한 관심을 끝없이 환기함으로써 환경에 대한 우리의 인식을 바꾼 엄청난 존재다. 북극곰은 과거 최고의 사냥감이었던 시기를 지나 20세기 후반과 21세기를 거치며 개체 수가 꾸준히 증가하고 있는데도 우리는 북극곰 멸종을 막기 위해 환경주의자가 된다.

북극곰 못지않게 세계인의 환경 인식을 전환하는 데 커다란 공헌을 한 곰들이 있다. 바로 자이언트 판다다. 자이언트 판다는 전 세계의 멸종 위기종을 대표하는 종이라고 할 만하다. 멸종 위기종 보호 운동의 대명사라고 할 수 있는 세계자연기금(World Wide Fund for Nature, WWF)이 자이언트 판다를 마스코트 삼아 성

이렇게 귀여운 녀석들이 지구에서 사라질 가능성이 있다니 참을 수가 없다. 뭐라도 해야지.

세계자연기금의 마스코트인 자이언트 판다

공적인 활동을 이어오고 있기 때문이다.

　세계자연기금은 영국의 선각자들인 줄리언 헉슬리, 빅터 스톨런, 에드워드 맥스 니컬슨이 1961년에 창립한 국제단체다. 1960년대만 해도 세계적으로 자연과 생태에 대한 관심이 그리 높지 않았다. 훗날 생태주의 철학의 토대를 닦은 제인 구달이나 다이앤 포시 등 저명한 생태 연구가들은 불신의 눈초리 속에서 이때 막 연구를 시작했다. 선구적인 자연 다큐멘터리 시리즈인 데이비드 애튼버러의 〈지구의 생명(Life of Earth)〉이 처음 방영된 것도 1979년에 이르러서다. 1960년대 사람들은 독한 농약을 공중에서 살포해댔고, 세계 각지의 멸종 위기종은 인간의 영역을 확대하려는 개발 열풍에 밀려 스러져가고 있었다. 멸종 위기종을 보호하고자 하는 사람들이 주위의 무관심 또는 적대감에 맞서 싸울 방법은 맨손으로 나팔을 만들어 메시지를 퍼뜨리는 것밖에 없었다.

이와 같은 상황에서 헉슬리, 스톨런, 니컬슨이 떠올린 아이디어는 멸종 위기 동물 보호단체를 새로 만들 것이 아니라 세계 각지에서 맨손으로 운동하고 있는 여러 단체와 운동가들에게 자금을 대주는 단체를 만들자는 것이었다. 즉 세계자연기금의 설립 목적은 온전히 모금이었다. 그리고 예나 지금이나 모금의 성패는 효과적인 마케팅에 달려 있다.

세계자연기금의 창립자들은 당대인의 마음을 사로잡을 동물 마스코트 자리를 놓고 고심했다. 잘 알려진 동물이어야 했고, 그 녀석들이 멸종한다는 사실을 알게 되면 아이들은 울음을 터뜨리고 어른들은 지갑을 열 만한 매력이 있어야 했다. 이들은 자연스럽게 당시 영국 동물원계를 휘어잡고 있던 귀여운 동물 한 마리에 눈길을 돌리게 됐다. 런던 동물원의 스타로 구름 같은 갤러리를 끌어모으던 자이언트 판다 치치다. 치치는 매력이 넘쳤고 인기가 있었으며 흑백 톤으로 디자인하기에도 적합했다(그때는 아직 컬러 인쇄가 보편화되지 않은 1960년대였으니 흑백만으로 모델의 특징을 분명히 표현할 수 있다는 것이 의미 있는 장점이었을 것이다).

치치를 마스코트로 내세운 세계자연기금은 창립 목적에 충실히 부합하는 활동을 펼치며 꾸준히 성장해나갔다. 그 덕에 많은 동식물이 멸종 위기에서 벗어나 대를 이어갈 수 있었다. 이렇게 멸종을 모면한 대표적인 종은 당연히도 자이언트 판다다.

오래전부터 사람들은 판다를 사냥했다. 복슬복슬한 털가죽을 벗겨내기 위해서였다. 인구가 폭증하고 가난에 시달리던 시절 중국인들은 고기와 상품과 자원과 땅을 얻기 위해 판다를 사냥하고 서식지를 침범했다. 1960년대에 판다는 멸종의 기로에 놓여 있었다.

세계자연기금이 판다를 마스코트로 삼아 활동을 시작하고 중국에서 보호 활동이 시작됐음에도 판다의 수는 곧바로 늘어나지 않았다. 자연환경과 생태계 구조에 대한 이해가 턱없이 부족하던 시절, 사람들은 멸종 위기종을 보호하려면 잡아서 가둬 놓고 키우는 방법밖에 없다고 생각했다. 서식지 보호와 유전적 다양성 보존 등 현대적이고 과학적인 보존 전략이 미비했던 것이다.

그런데 1990년대 이후 판다는 기적과 같이 부활했다. 세계 자연기금과 중국인들의 지속적인 노력이 과학적 보존 전략, 중국의 경제 발전과 맞물리며 효과를 발휘하기 시작한 것이다. 중국인들은 쓰촨성에 넓은 보호구역을 설정해 인간의 경제활동을 금지하고 그곳 사람들이 도시로 이주할 수 있도록 지원했다. 또한 포획 번식 연구도 성과를 거두어서 핵심 연구소인 청두 판다 연구기지는 지난 30년간 200마리 이상의 판다 번식에 성공하며 종의 유전적 다양성 확충에 기여했다.

이와 같은 노력이 이어지며 오늘날에는 최소 1,000마리 이상의 판다가 대나무를 씹고 짝짓기를 하며 살아가고 있다. 세계 자연보전연맹(International Union for Conservation of Nature, IUCN)이 발표한 등급(레드 리스트)을 놓고 봤을 때 '취약종' 수준까지 회복된 상태다.

또한 판다를 보호하기 위해 지정한 보호구역은 중국 생태계 다양성의 절반 이상을 보존하는 역할을 하고 있기도 하다. 자이 언트 판다가 14억 인구에 밀려 위기를 맞은 수많은 동식물을 보호하는 든든하고 귀여운 방패가 된 셈이다.

레드 리스트

세계자연보전연맹의 7단계 분류 체계다. 왼쪽부터 '절멸종 (Extinct)', '자생지 절멸종(Extinct in the Wild)', '심각한 위기 종(Critically Endangered)', '멸종 위기종(Endangered)', '취약종 (Vulnerable)', '위기 근접종(Near Threatened)', '관심 필요종(Least Concern)'으로 구분된다. 관심 필요종이라는 말은 현재 멸종 문제와 관련해 최소한의 관심만 필요로 한다는 뜻이기에 사실상 '걱정 없어요' 종이라고 할 수 있다.

다음 중 관심 필요종('걱정 없어요' 종)이 아닌 것은?

❶ 북극여우

❷ 사막여우

❸ 붉은여우

❹ 아프리카들개

(정답은 261쪽에 있습니다)

지　구　의
미　래　에
희　망　을
품　을　권리

4

우리는 지구를 위해 움직이고 있다

자연의 조형미에 반하고 귀여운 동물들에 빠진 우리, 자연을 사랑하는 우리에게는 지구 환경의 미래에 희망을 품을 권리가 허락되어 있다. 기후변화 1.5℃ 선을 지킬 수 있다는 희망, 다양한 멸종 위기종을 보호할 수 있다는 희망은 지구상의 모든 생명이 내일의 멋진 신세계를 열어갈 수 있으리라는 기대로 이어진다.

무시무시한 환경 메시지들에서 조금만 고개를 돌리면 곳곳에 존재하는 희망의 징후를 찾아볼 수 있다. 우리 마음을 지탱해 미래로 나아가게 해줄 힘을 가진 징후들이다. 무엇보다 우리가 명백히 지구 환경을 생각하는 방향으로 움직이는 경향을 보인다는 것 자체가 중요하다. 세계 각국의 정치인들이 거의 예외 없이 기후변화를 진지하게 다루고 실질적 대책을 모색하는 것만 봐도 이런 추세를 실감할 수 있다. 2015년 체결된 파리기후변화협약과 그에 따른 여러 차례의 기후 정상회담이 대표적인 예다.

2015년 11월, 기후협약 체결을 위해 오랫동안 협의를 거친

196개 당사국이 유엔 기후회의에 참석하러 프랑스 파리에 모였다. 11월 30일부터 12월 11일까지 열린 이 회의를 파리기후변화총회라고 부르며, 이때 196개 당사국이 체결한 협약을 파리기후변화협약이라고 한다.

파리기후변화협약은 2100년경의 지구 기온을 산업화 이전보다 1.5℃에서 2℃가량 상승한 상태로 묶어놓기 위한 구속력 있는 유엔 협약이다. 막연한 목표를 제시한 선언문이 아니라 기후변화를 저지하기 위한 구체적인 행동 계획이 포함된 실질적인 국제협약이다.

이를테면 협약을 체결한 196개국은 2020년까지 기후변화에 대응하여 각자 어떤 행동을 할 것인지 계획서를 제출해야 했다. 이 계획서를 '국가 자발적 기여(Nationally Determined Contributions, NDCs)'라고 하는데, 특히 부자 나라들의 NDCs에는 가난한 나라들이 아예 경제 성장의 첫 단추를 저탄소 단추로 끼울 수 있도록 재정적·기술적 지원을 하는 방안도 포함하도록 했다. 현재 193개국의 계획서가 유엔기후변화협약(United Nations Framework Convention on Climate Change, UNFCCC)에 접수돼 있다. UNFCCC 홈페이지에서 세계 각국의 계획서를 누구나 열람할 수 있다('all ndcs unfccc'로 검색해보자).

'계획서만 짰다고 애들이 다 그에 맞춰서 공부를 하나? 열심히 하고 있는지 계속 검사를 해야지'라고 생각하는 분들도 있을 텐데, 파리기후변화협약에는 검사 계획까지 포함되어 있다. ETF(Enhanced Transparency Framework)라고 불리는 검사 과정은 2024

년부터 시작된다. 이때부터 협약 당사국은 자기들이 실제로 어떤 행동을 하고 있는지, 어떤 결과를 냈는지 자료를 투명하게 공개해야 한다. 다시 말해, 2024년부터는 세계 각국의 기후 행동이 인터넷을 쓸 수 있는 세계 모든 사람의 입방아에 오르내리게 된다는 뜻이다.

협약에 반대하는 진영에서는 기후변화 의제 자체를 평가절하하며 이것이 음모이자 내정 간섭이며 위험한 프로파간다라고 말한다. 그뿐만 아니라 협약을 지지하는 사람들조차 각국의 NDCs를 보며 협약의 실효성과 당사국들의 변화 의지에 의문을 제기하기도 한다.

나 또한 국제협약의 실효성을 맹목적으로 신뢰하지는 않는다. 하지만 파리기후변화협약과 같은 국제협약은 우리가 미래를 구상하는 틀을 제공하고, 장기적 변화 목표를 제시해주며, 이를 추구해나갈 희망을 제공해준다는 점에서 분명 효력이 있다고 믿는다. 1948년의 세계인권선언이 그런 국제협약 가운데 하나다. 1950년대와 1960년대를 살았던 세계 여러 나라 사람들에게는 세계인권선언이 공염불, 말 잔치, 프로파간다, 남의 나라 이야기, 잘사는 사람들 이야기로 느껴졌을 소지가 다분하다. 그럼에도 이 선언은 평화와 인권, 평등과 민주주의를 향한 20세기 인류의 치열한 투쟁과 희생, 피나는 노력에 목표와 방법을 제시해주고 이런 노력을 상징하는 중요한 역할을 했다.

파리기후변화협약은 새로운 세상을 이끌 목표이자 상징이며 새로운 국제 질서다. 21세기 여러 나라의 국민은 이제 자유주의나 공산주의 또는 종교와 인종, 민족을 위해 목숨 걸고 싸우는 게 아니라 빙하 소실과 해수면 상승, 폭염 일수 증가, 가뭄, 산호초 백화 등에 대해 목이 터지라 외쳐대고 있다. 세계 각지의 사람들이 그 많은 차이점에도 불구하고 공존을 모색하기 시작하면서 민족 간, 종교 간, 계층 간 투쟁에 포획됐던 우리의 인식 지평이 비로소 자연과 생태계, 지구로 확장되고 있다.

100억의 심리학

100억. 2100년의 지구 인구를 나타내는 숫자다. 또한 인류 역사 상 최대 인구수를 나타내는 숫자일 수도 있다. 즉 22세기 초엽에 지구상의 인구는 100억에서 109억 사이 어딘가의 정점을 찍은 뒤 점점 빠른 속도로 감소할 것으로 예상된다.

파리기후변화협약이 체결된 해인 '2015'가 인류의 환경 인식 변화를 상징하는 숫자라면 100억이라는 숫자는 지금까지 인류가 이룬 모든 진보를 아우르는 희망의 숫자라고 할 수 있다. 인구가 100억 명까지 늘어난다는데 이게 무슨 희망의 징후라는 걸까? 핵심은 100억 명'까지만' 늘어난다는 사실이다. 식량이 바닥나거나 천적이 나타난 것도 아니고 서식지가 부족한 것도 아닌데 인류라는 종은 "우리 여기까지만 늘리자"라며 자발적으로 개체 수의 상한선을 설정한 것이다.

인간과 자연의 공존이라는 측면에서 지속적인 인구 증가만큼 커다란 압박으로 작용하는 요인은 달리 없다. 인구가 끝없이 증가한다면 우리는 미래에 대한 희망을 품을 수도 없고 구체적인 목표를 수립할 수도 없다. 하지만 100억이라는 최대치가 설정된 이상 우리는 이 숫자에 맞춰 지구의 땅과 바다를 어떻게 다른 생명들과 공유할지 계획을 세우고 어떤 식으로 온난화를 저지할지 지혜를 모을 수 있다.

100억이라는 희망의 숫자는 세상이 풍요로울수록 아이를 덜 낳는 인간의 습성 때문에 도출된 것이다. 먹고살 걱정, 헐벗을 걱정, 나앉을 걱정, 지루하고 재미없는 삶을 살 걱정이 없어지면 지구상 어디서고 예외 없이 인구 증가세가 멈추거나 인구가 감소한다. 유럽과 오세아니아, 북아메리카는 인구 증가가 거의 멈춘 지 이미 오래됐고, 동아시아와 남아메리카 인구도 21세기에 이르러 증가세가 둔화됐다.

그럼에도 지구상의 인구가 앞으로 100억까지 증가하게 되는 것은 주로 나이지리아, 콩고민주공화국, 탄자니아, 에티오피아, 이집트 등 아프리카 각국의 인구가 크게 증가하는 추세이기 때문이다. 이들 나라도 경제가 발전하며 출산율이 큰 폭으로 감소하고 있다. 그러나 20세기까지만 해도 가난한 나라의 전형적인 출산율 수준(가임 여성 1인당 6.0 이상)을 유지했기 때문에 현재 이들 나라에는 25세 이하의 젊은이들이 아주 많다. 앞으로 아이를 낳을 사람들의 비율이 높은 나라에서는 출산율을 아무리 빠르게 감소시켜도 전체 인구가 늘어날 수밖에 없다. 연령별 인구 구성 비율에 따라 인구가 크게 증가하는 현상을 '인구 모멘텀(population momentum)'이라고 하는데, 이는 출산율 감소와는 별도로 고려해야 하는 인구 증가 요인이다.

지역, 시대, 인종, 종교, 성별을 막론하고 잘살면 잘살수록 아이를 적게 낳는 이유는 무엇일까? 심지어 이 현상은 국가 단위의 추세나 국가별 비교를 통해서 확인할 수 있을 뿐만 아니라 한 나라 안에서 서로 다른 경제 계층을 비교해봐도 확인할 수 있다. 또한 한 사람이 더 잘살 때와 못살 때를 비교해도 확인할 수 있다. 이토록 많은 사람이 이처럼 보편적이고 일관된 경향을 보이게 하는 요인은 무엇일까?

잘살면 아이를 덜 낳는 경향도 다른 모든 사회현상과 마찬가지로 복합적인 요인에 따른 현상이다. 하지만 여기서는 여러 심리학자가 주목하는 핵심 요인 한 가지를 짚어보고자 한다. 바로 기대 수명과 재생산 타이밍(reproductive timing)의 관계다.

한 사람이 낳는 아이의 숫자는 그 사람이 몇 살부터 아이를 낳기 시작하느냐와 깊은 관련이 있다. 남자든 여자든 첫 번째 자식을 보는 타이밍이 늦으면 늦을수록 결과적으로 더 적은 수의 자식을 보게 된다. 첫아이를 갖는 시기가 늦어져 '이 나이에 무슨 애람' 하는 생각이 들 때가 찾아온다면, 그가 바로 각종 통계나 언론에서 말하는 아이 안 낳는 사람이다.

인구와 관련된 심리학 연구는 이 재생산 타이밍을 중심으로 이루어졌다. '사람들은 왜 아이를 낳지 않는가?' 또는 '사람들은 왜 아이를 많이 낳는가?' 같은 광범위한 질문보다 '사람들의 재생산 타이밍에 영향을 주는 요인은 무엇인가?'라는 질문이 훨씬 더 날카롭고 과학적이기 때문이다. 각종 연구에 따르면 인간의 재생산 타이밍에 영향을 미치는 핵심 요소는 바로 기대 수명이다.

인간에게 아이를 낳아 기르려는 본성이 있는 것은 사실이다. 하지만 인간은 본성으로 살아가는 존재가 아니라 적응력으로 살아가는 존재다. 교육 내용에 따라, 인식의 변화에 따라, 문화와 규범에 따라 우리는 본성을 변화시키거나 잊고 살거나 아예 거스를 수도 있다.

아이를 낳아 기르고자 하는 욕망 또한 물질적 풍요와 행복을 중시하는 현대적 삶의 태도 앞에서 경시되거나 유보될 수 있고, 아예 무시될 수도 있다. 만약 한 나라의 전반적 생활 수준이 높아져서 국민의 영양 상태가 개선되고 누구나 훌륭한 의료 서비스와 첨단 위생 설비를 이용할 수 있게 되면, 그 나라 사람들은 자기가 80살, 90살, 100살까지 살 것임을 직감한다. 자연스레 늘어난 수명만큼의 세월을 행복하게 살아가고자 경제활동에 전념하는 시간 또한 길어진다. 즉 기대 수명이 늘어날수록 우리는 재생산 타이밍을 늦춘다.

동물과 인간의 재생산 타이밍

70살을 사는 코끼리는 25살 때부터 재생산을 시작하고 20살을 사는 호랑이는 5살부터 재생산을 시작한다. 사람이 성적으로 성숙하는 생물학적 시기 또한 코끼리나 호랑이처럼 유전적으로 정해져 있기는 하다. 하지만 인간은 70

살을 거뜬히 살고 80, 90살을 넘기리라고 직감하거나 예측하거나 희망할 경우에는 재생산 타이밍을 한껏 늦추게 된다. 반대로 기대 수명을 낮게 잡거나 내일모레라도 죽을 수 있다고 생각하면 최대한 어릴 적에, 또는 지금 당장 아이를 낳고 싶어 한다.

심리학의 공포관리이론(Terror Management Theory, TMT)은 기대 수명과 재생산 타이밍의 관계를 또 다른 방향에서 조명해준다. 공포관리이론은 인간 심리 활동의 중요한 목표 가운데 하나가 바로 죽음에 대한 공포를 다루는 일이라고 보는 연구 흐름에서 탄생했다. 죽음에 대한 공포는 압도적인 공포이며 사람을 불안에 떨게 한다. 사람은 누구나 죽게 되어 있고 이런 사실을 모든 사람이 알고 있기에 우리는 모두 죽음에 대한 공포를 가지고 있다.

그럼에도 우리는 죽음의 공포와 불안에 잠식당하지 않은 채 일상을 살아간다. 행복하고 재미있는 일을 통해 죽음을 잊기도 하고 일과 취미에 몰입하느라 죽음을 생각할 틈을 갖지 못하기도 한다. 종교적 믿음에 의지하거나 자신의 사회적 업적에 자부심을 가지며 생의 한계를 초월하기도 한다. 하지만 죽음의 공포를 자극하는 환경에서는 그런 공포가 우리 마음에 강한 영향을 미치곤 한다. 이를테면 묘지에 가거나 다른 사람의 죽음을 접할 때 우리는 죽음에 대한 공포를 강하게 느낀다. 그럴 때 우리는 공포를 통제하기 위해 심리적 활동을 한다.

죽음의 공포를 억누르기 위한 심리적 활동의 대표적인 예로는 애국심, 종교, 또래 집단, 지역 공동체 등의 이념, 집단, 제도에 더 의존하게 되는 것을 꼽을 수 있다. 무덤은 일반적으로 공포심을 안겨주는 공간이므로 밤에 혼자 다니기 꺼려질 수 있지만 국립묘지를 참배하거나 가족무덤에 성묘할 때면 공포보다 숙연한 마음이 앞서게 된다. 이는 국가 제도와 가족 제도 등의 사회적 장치가 우리에게 죽음의 공포를 이겨낼 의미감을 제공하기 때문이다.

사람들이 죽음의 공포를 느낄 때 나타나는 또 다른 현상이 바로 아이를 갖는 것이다. 대규모의 전쟁을 겪은 후에 나타나는 베이비붐 현상은 국민이 갸륵하게도 국가의 인력 손실분을 충당하고자 자발적으로 아이를 많이 낳기 때문에 생겨나는 것이 아니다. 사람들이 많은 죽음을 목격함으로써 죽음을 가깝게 느끼고 자신의 기대 수명이 짧다고 생각하기 때문에 나타나는 현상이다. 전쟁뿐만 아니라 대규모 자연재해나 테러 등 우리에게 죽음의 공포를 상기시키고 자신의 기대 수명이 짧다고 지각하게 하는 상황 뒤에는 크고 작은 베이비붐이 뒤따른다.

재생산 타이밍과 기대 수명, '죽음에 대한 공포'의 연관성을 생각해보면, 먹고살기 어렵고 온갖 위협에 노출된 사람들이 어린 나이부터 아이를 갖기 시작해 많은 수의 아이를 낳게 되는 현상이 이해가 갈 것이다. "저 사람들은 제대로 기르지도 못할 거면서 애들은 왜 저렇게 많이 낳는 거야"라는 경멸 섞인 발언은 일견 상식에 기초한 듯 보이나 실은 인구 증가의 심리학에 대한 무지와 편견을 드러내는 말이다.

유엔의 2019년 인구보고서에는 세계 인구 성장률을 빠르게 안정시키기 위한 지속가능발전목표 17가지가 명시되어 있다. 이는 우리가 더 살기 좋고 평화로우며 자연과 공존하는 삶을 살기 위해 이루어야 하는 목표인 동시에 인류가 지금껏 부단히 노력해 이루어낸 성과이기도 하다.

1. 빈곤 종식
2. 기아 퇴치
3. 건강과 웰빙 증진
4. 양질의 교육 보장
5. 성평등 달성
6. 깨끗한 물과 위생
7. 깨끗한 에너지 공급
8. 좋은 일자리 공급과 경제 성장
9. 산업, 혁신, 인프라 구축
10. 국내·국가 간 불평등 감소
11. 지속 가능한 도시와 공동체 구축
12. 책임 있는 소비와 생산
13. 기후변화와 그 영향에 맞서기 위한 행동
14. 해양 생태계 보존
15. 육상 생태계 보존

16. 평화, 정의, 효율적이고 포용력 있는 제도

17. 목표 달성을 위한 글로벌 파트너십 구축

이 17가지 영역에서 뚜렷한 성취를 이루기까지 수많은 사람의 땀과 눈물과 희생이 있었다. 그 덕분에 우리는 비로소 인구의 한계를 설정하고 앞날에 대한 희망 속에서 인간과 지구의 공존을 위한 구체적인 행동 계획을 수립할 수 있었다. 100억이라는 숫자가 인류가 지금껏 이룬 모든 진보를 아우르는 상징적인 숫자라고 말한 이유가 바로 이것이다.

친환경 기술을 대하는 적절한 태도

지구 환경의 미래에 대한 희망을 이야기하면서 친환경 기술의 발전을 빼놓을 순 없다. 이때 단순히 이런저런 신기술 소개를 늘어놓으며 "이렇게나 좋은 세상이랍니다"라고 이야기하는 것보다 훨씬 중요한 것이 있다. 우리가 신기술을 소비하는 패턴을 살펴보는 일이다.

일반적으로 사람들은 보통의 제품(즉 일회용 쓰레기가 발생하거나 많은 자원이 소모된 제품)이 아니라 친환경 라벨이 붙은 제품을 선택하는 행위를 친환경 소비라고 부른다. 하지만 주의할 점이 있다. 우리가 친환경 제품과 서비스를 이용할 때면 전통적인 방식으로 제조된 보통의 제품이나 서비스를 이용할 때보다 소비가 더 늘어나는 경향이 있다는 것이다. 일례로 친환경 포장이 된 식품을 구입하면 일회용 포장이 된 식품을 살 때보다 더 많은 식품을 사게 된다.

친환경 행동의 심리학을 연구하는 학자들은 이와 같은 현상을 '모럴 라이선싱(moral licensing)'이라고 부른다. 우리가 자신에게 도덕적 자격증을 부여해 더 방만한 소비를 정당화한다는 뜻이다. 다시 말하면 '난 마음껏 소비해도 돼. 왜? 친환경 제품을 선택했으니까'라는 생각이다.

나는 이와 같은 현상을 사람들의 도덕적 합리화 경향으로 치부하기보다 오히려 기술에 대한 신뢰에서 비롯된 현상으로 보는 편이 옳다고 생각한다. 그래서 모럴 라이선싱이라는 말보다 테크놀로지컬 라이선싱(technological icensing)이라는 표현을 선호한다. 우리는 친환경 기술이 쓰인 제품과 서비스를 신뢰하기에 이런 제품과 서비스 앞에서 마음이 풀어질 수 있다. "이건 환경을 위하는 제품이니 마음껏 써도 괜찮아"라는 오판을 하게 된다는 뜻이다. 최근 들어 기업들이 너도나도 친환경 기술을 앞세우거나 그리 친환경적이지 않은 제품과 서비스조차 친환경으로 세탁(그린 워싱)하는 이유는 전통적인 방식으로 제조된 제품에 비해 친환경 라벨을 붙인 제품의 판매가 더 용이하기 때문이다.

금융사들의 그린 마케팅

요즘 광고를 보면 금융사들만큼 그린 마케팅에 열을 올리는 곳이 없는 것 같다. 이런 현상이 나타나는 이유는 커뮤니케이션 심리학에서 말하는 중심/주변 경로 설득과 관련이 있다.

우리가 누군가를 설득할 때 정확한 정보를 바탕으로 명쾌하게 우리 입장을 주장할 수 있는 경우가 있다. 이를테면 "2만 원 주고 강아지 사료 한 포대를 사느니 3만 5,000원 주고 두 포대 사는 게 좋지 않아? 어차피 유통기한 내에 다 먹어 치울 텐데?"와 같은 경우다. 가성비라는 단순명쾌한 근거로 상대를 설득할 수 있으니 입도 덜 아프고 설득의 스킬을 쓸 필요도 없다. 이것이 중심 경로 설득이다.

반대로 설득에 쓰이는 정보의 내용이 모호하거나 너무 복잡해서 이것만 가지고는 상대를 설득할 수 없는 경우도 있다. 대통령 선거가 좋은 사례다. 중심 경로 설득이 힘들 경우에 우리는 현란한 설득 스킬을 총동원해야 한다. 특히 듣는 사람들에게 "뭔 말인지는 잘 모르겠는데 기분은 좋다"라는 반응을 끌어내야 한다. 긍정적인 이미지, 감정이입이 가능한 아름다운 모델들, 광고의 영상미와 시크한 배경음악이 필요해지는 것이다.

그래서 대선 후보에게는 정책보다 이미지가 중요하다. 유권자들이 그 많고 복잡한 정책을 비교해서 투표하는 게 아니라 후보를 보고 기분이 좋아지느냐 아니냐를 놓고 표심을 정하기 때문이다. 상대 후보를 보면 기분이 나빠져야 자기 쪽에 유리하니 흔히 말하는 네거티브 전략도 활용하게 된다.

대선 후보의 정책만큼이나 모호하고 복잡하고 구분이 안 가는 것이 각종 금융사의 금융상품이다. W 은행의 금융상품이 K 은행의 금융상품보다 좋은지 나쁜지 한 시간 동안 설명을 듣고 종일 고민을 해봐도 결론을 내릴 수가 없다. 즉 금융상품은 중심 경로 설득이 거의 불가능한 상품이다. 이런 상품을 마케팅하려면 주변 경로 설득에 의지해야 하고 소비자들의 기분이 좋아지게 해야 한다.

결국 보는 사람의 기분을 좋게 하는 일에 목숨을 걸어야 하는 금융사들이 "우리 상품을 구입하면 지구 환경이 살아나요", "아니에요. 우리 상품을 구입해야 북극곰이 살아요"라고 말하기 시작했다. 자못 혼란스러운 현상이기는 하나 이 또한 희망의 징표라고 할 수 있다. 우리의 전반적인 인식 속에 '그린 이즈 뉴 해피'라는 관념이 자리 잡았다는 사실을 방증하기 때문이다. 친환경이라는 단어를 듣는 것만으로도 기분이 좋아진다니, 우리가 변해도 참 많이 변했다.

테크놀로지컬 라이선싱 때문에 결국 지구 환경에 별로 보태는 것이 없는 소비 행위를 하게 되거나 오히려 과거보다 더 큰 해를 끼칠 수도 있다는 점이 중요하다. 일회용 플라스틱은 처치 곤란한 쓰레기를 양산하지만 여타 소재보다 더 적은 에너지를 써서 더 싼 값에 만들 수 있는 물건이기도 하다. 일회용 플라스틱 대신에 면으로 만든 에코백이나 금속으로 만든 빨대, 몇 번이고 다시 쓸 수 있는 텀블러를 사용하면 플라스틱 쓰레기의 양을 줄일 수 있다. 하지만 '에코백은 많이 사도 돼', '텀블러도 TPO에 맞춰 바꿔가며 써줘야 센스가 있지'라는 생각을 하기 시작하면 우리는 오히려 일회용 플라스틱을 쓰던 때보다 더 많은 자원과 에너지를 소비하게 된다.

친환경 생활 습관과 소비의 핵심을 이루는 요소는 물건을 골라 쓰는 일이 아니라 뭐든 덜 쓰는 일이다. 친환경 기술이라고 해서 우리에게 자원과 에너지를 낭비할 여유를 주지는 않는다.

친환경 재화를 선택했다는 이유로 소비를 늘린다면 친환경 재화를 사용하는 의미가 없고, 친환경 기술을 발전시키거나 친환경 정책을 수립하는 의미가 퇴색된다.

오늘날의 핵심 친환경 기술이라고 할 수 있는 전기차를 한번 살펴보자. 내연기관 자동차를 전기차로 바꾸기만 하면 우리는 화석연료와 온실가스에서 벗어날 수 있는 걸까?

에너지는 세상을 순환하는 과정에서 겉모습을 바꾸기도 하지만 본질은 변하지 않는다. 화석연료를 활용해 에너지를 얻을 경우, 이로 인해 발생한 탄소 발자국은 에너지의 겉모습이 전기로 바뀐다고 해도 사라지거나 줄어들지 않는다. 우리가 내연기관 자동차를 전기차로 바꾼다고 해도 전기차에 필요한 전기는 공짜로 얻을 수 있는 게 아니다. 어딘가에서 에너지를 끌어와야 얻을 수 있는 것이며, 이 과정에서 탄소가 검은 발자국을 찍는 걸 막을 수 없다.

만약 우리가 대한민국이 아니라 스위스에 살고 있다면 이야기는 간단할 것이다. 스위스는 알프스산맥 곳곳에 설치한 수력 발전소를 이용해 국내 필요 전력 대부분을 충당한다. 수력 발전소를 세울 때도 물론 온실가스가 발생하고 생태계가 파괴되지만 일단 건설하고 나면 발전 과정에서 탄소가 발생하지는 않기에 수력은 흔히 말하는 그린 에너지(온실가스가 발생하지 않는 에너지)에 속한다. 그러므로 스위스 사람이 내연기관 자동차를 전기차로 바꾸면 100퍼센트의 온실가스 감축 효과를 볼 수 있다.

그러나 우리나라는 스위스와 입장이 다르다. 여전히 석탄,

석유, 천연가스를 이용해 만들어내는 전기가 전체 전력 생산량의 60퍼센트 이상을 차지한다. 나머지 40퍼센트의 전기도 재생에너지에서 오는 것이 아니라 대부분 원자력에서 온다. 우리나라에서 내연기관 자동차를 전기차로 바꾸는 일이 좀 더 큰 의미를 갖기 위해서는 국가적인 전력 생산 구조의 변화가 병행되어야 한다.

전력 생산 구조를 바꾸는 일은 우리나라 기후 행동의 핵심이 되는 일이자 가장 어렵고 복잡한 일이기도 하다. 산업계뿐만 아니라 소비자 한 사람 한 사람이 적극적인 에너지 절약을 통해 협력하지 않는다면 사실상 이룰 수 없는 목표라고도 할 수 있다. 우리나라의 총 에너지 소비 가운데 수송 부문이 차지하는 비중이 20퍼센트를 넘는다. 이 많은 양의 에너지 소비를 조금도 줄이지 않으면서 이를 전기로 바꾸기만 해서는 기후변화를 저지한다는 목표를 달성하기 어려울 뿐만 아니라 별다른 온실가스 감축 효과를 얻기도 힘들다. 하물며 전기차로 바꿨다고 해서 장 보러 갈 때도 차를 타고 공원에 갈 때도 차를 타고 출퇴근할 때 고잉솔로를 즐긴다면, 우리는 영영 기후 행동 목표를 달성하지 못할지도 모른다.

이처럼 냉철히 접근해야 하는 또 다른 사례로 바이오매스 발전이 있다. 최근 친환경 발전으로 주목받는 바이오매스 발전은 쉽게 말해서 나무를 태우는 발전 방식이다. 나무를 태우는 게 뭐가 친환경이라는 것인지 의아해할 사람도 있을 것이다. 아닌 게 아니라 실제로 바이오매스 발전의 환경 효율에 대해서는 신뢰와 의심이 공존하고 있다.

바이오매스 발전에는 펠릿이라는 원료가 쓰인다. 이는 숲의 고목이나 숲 바닥을 덮고 있는 나무 부산물 또는 목재를 얻는 과정에서 발생한 부산물을 압착해서 연료로 만든 것이다. 바이오매스 발전이 친환경 발전 방식으로 인정받는 것은 첫째로 어차피 배출될 탄소를 발전에 쓰는 셈이기 때문이고, 둘째로 철저한 카본 오프셋(carbon offset)을 전제로 하기 때문이다.

나무는 나이를 먹을수록 탄소 흡수 능력이 저하되며, 숲에 내려앉은 바이오매스는 부패하는 과정에서 공기 중에 탄소를 방출한다. 그러니 고목은 벌목하여 목재로 만들고 숲에 퇴적되거나 목재 생산 과정에서 발생하는 바이오매스는 모아서 연료로 사용한다면, 어차피 공기 중으로 방출될 탄소를 이롭게 사용하는 셈이다. 동시에 고목을 벌목한 자리에는 새 묘목을 심어 탄소를 흡수하도록 만들 수 있다.

카본 오프셋

지구 기온을 높이는 데 일조하는 만큼 낮추는 쪽으로도 기여한다는 개념이다. 기업이 온실가스를 배출한 만큼 나무를 심거나 친환경 기술에 투자하는 일이 대표적인 카본 오프셋이다. 특이한 사례로 오늘날 몇몇 선구적인 항공사에서 운영하고 있는 오프셋 프로그램을 들 수 있다. 이들 항공사는 승객들이 자발적으로 돈을 더 내고 카본 오프셋에 참여할 수 있게 해준다. "여러분이 비록 탄소를 발생시키면서 여행을 하고 있지만 그만큼 돈을 더 내시면 저희가 여러분 대신 오프셋을 해드릴게요"라는 개념이다. 고객의 수치심을 자극해 오프셋 책임을 떠넘기는 방식이기에 많은 이들의 호응을 끌어내기는 어려워 보인다. 수치심 메시지의 역기능과 폐해, 극복 방안에 대해서는 2부에서 자세히 살펴보겠다.

기본적으로 바이오매스 발전소는 석탄 발전소보다 더 많은 탄소를 배출하며, 오프셋을 위해 심은 나무가 탄소 흡수라는 제 역할을 하기까지는 시간이 필요하다. 바이오매스를 수집하고 연소하고 나무를 심고 가꾸는 모든 과정에 세심한 주의를 기울이더라도 발전 과정에서 뿜어낸 만큼의 탄소를 오프셋할 때까지는 최소 1~2년이 걸린다. 결국 바이오매스 발전은 오랜 기간에 걸쳐 배출될 탄소를 단숨에 배출하고 이를 힘겹게 오프셋하여 넷제로로 만드는 방식일 뿐이다. "우리는 바이오매스로 전력을 생산하기 때문에 에너지 많이 써도 돼요"라고 말할 여유 따윈 어디에도 없다는 뜻이다.

친환경 기술을 활용했다고 해서, 친환경 소재로 만들었다고 해서, 친환경이라는 라벨을 달고 있다고 해서 이를 분에 넘치게 소비해도 좋다는 허가가 떨어지는 것은 아니다. 기술과 라벨을 맹신하지 말고, 진정한 친환경 행동은 '선택하기'가 아니라 '아끼기'라는 사실을 기억하자.

태양력을 도맷값으로 팝니다

이제 인간과 지구의 공존 능력을 향상시키는 기술 변화 몇 가지를 살펴보겠다. 오늘날 여러 사람의 주목을 받으며 많은 투자가 이루어지고 있는 기술 중에는 획기적이지만 아직 연구 단계인 것들도 있다. 핵융합 기술이 대표적이다. 핵융합 기술은 환경적으로도 커다란 이득이 있을 뿐만 아니라 인류에게 무한에 가까운 에너지를 선물해줄 게임 체인저이지만 언제 이 기술이 상용화될지 알 수 있는 단계는 아니다.

여기서는 핵융합 기술보다 더 현실적인 기술 변화들에 대해 알아보자. 핵융합 기술보다 영향력은 떨어질 수 있지만 공존의 희망을 품기에는 충분한 기술들이다. 물론 이들 기술 하나하나가 우리에게 "이제 에너지를 펑펑 낭비하고 자원을 맘껏 소모해도 좋아"라는 라이선스를 부여하지 않는다는 점은 잊지 말자. 기술의 변화는 우리의 생활 습관 변화 없이는 세상을 바꾸지 못하고 자연을 살리지 못한다.

첫 번째로 이야기할 기술적 변화는 오늘날 공존의 기술을 논할 때 가장 중요하게 취급되는 재생에너지 생산 가격의 하락이다. 재생에너지 가격이 하락한다는 것은 풍력 터빈과 태양 전지의 가격이 하락한다는 뜻이다. 이 가운데 풍력 발전은 원래 값이 싼 발전 방식으로 유명했기 때문에 가격 변동 폭이 크지 않다. 오히려 세계 각국이 풍력 발전기 건설에 주력하면서 원자재인 알루미늄 가격이 올라 최근에는 가격 경쟁력이 악화되기까지 했다.

반면 태양 전지의 가격은 깜짝 놀랄 만한 하락세를 보였다. 역사적으로 봤을 때, 1970년대에 처음 쓰이기 시작했을 때보다 가격이 100분의 1 정도로 하락했다. 즉 가격이 99퍼센트 이상 하락했다는 말이다. 2010년과 2020년을 놓고 비교해보면, 국가에 따라 차이는 있지만, 가격이 최소 절반으로 떨어지거나 최대 10분의 1까지 하락한 모습을 보인다. 더군다나 이와 같은 가격 하락세는 앞으로도 지속될 것으로 예측된다.

태양 전지 가격이 내려가는 이유, 즉 더 싼 값으로 더 효율적인 태양 전지를 만들 수 있는 이유는 (눈 딱 감고 한마디로 요약하자면) 태양 전지 기술이 반도체 기술이기 때문이다. 우리 모두 알다시피 반도체 기술은 지난 수십 년간 빠르게 발전했고, 앞으로도 꾸준히 발전할 것으로 예측되는 기술이다. 우리가 사용하는 컴퓨터가 지금까지 얼마나 빠르게 진화해왔는지, USB의 용량이 증가해온 속도와 스마트폰이 스마트해진 속도를 떠올려보라.

물론 태양 전지 기술은 컴퓨터, 플래시 메모리, 스마트폰 기술과는 다르지만 이들 기술의 발전과 궤를 같이하는 기술이다.

태양 전지와 IC 칩, 플래시 메모리의 근본적인 공통점은 반도체인 실리콘을 얇게 펴서 만든 '웨이퍼'를 이용한다는 점이다. 실리콘 웨이퍼에 사진 인쇄술로 회로를 그려 넣으면 IC 칩을 만들수 있다. 또한 각각 인과 붕소를 도핑한 실리콘(약물 도핑과 같은 의미로, 실리콘에 인이나 붕소를 주입했다는 뜻이다) 웨이퍼 두 장을 겹치면 태양 전지를 만들 수 있다.

태양 전지의 원리

실리콘에 인을 도핑하면 전자가 많이 든 웨이퍼를 만들 수 있고 붕소를 도핑하면 전자가 부족한 웨이퍼를 만들 수 있다. 이처럼 전기적 성질이 서로 반대인 두 장의 웨이퍼를 겹쳐놓으면 태양 전지의 골자가 완성된다.

전자 과잉 상태의 웨이퍼와 전자 부족 상태의 웨이퍼를 겹친다고 해도 두 웨이퍼 사이에 곧바로 전기가 흐르지는 않는다.

태양 전지를 나타내는 도식.
태양 '광'이 전지를 때리면
전기가 발생한다는 의미를
담고 있다.

그러나 인을 도핑한 전자 과잉의 웨이퍼를 태양광이 강타하면 웨이퍼 안의 전자들이 들떠서 어쩔 줄을 모르는 상태가 된다. 그제야 비로소 전자 과잉 웨이퍼에서 전자 부족 웨이퍼 쪽으로 전하의 흐름이 발생한다. 이흐름을 포착해 사람들에게 전기를 공급하는 것이 태양광 발전이다.

반도체 기술과 태양 전지 기술의 긴밀한 연관성은 두 기술의 아버지가 같다는 점에서도 잘 드러난다. 태양 전지 기술의 아버지라고 할 수 있는 윌리엄 쇼클리는 반도체 트랜지스터를 개발해 노벨상을 받고 세상 모든 반도체의 아버지가 된 세 인물 가운데 한 명이다. 반도체 사이에 전기를 흘려보내는 방법을 개발하는 과정에서 자연스레 이를 태양광 발전으로 연결하게 된 것이다.

그러므로 태양 전지의 가격은 실리콘 웨이퍼를 만들어내는 기술 등 반도체 가공 기술이 발전하면 함께 내려갈 수밖에 없다. 이에 더해 태양 전지를 만드는 고유 기술들도 꾸준히 발전해 오늘날에는 태양 전지를 과거의 1세대 전지, 상용되는 2세대 전지, 현재 연구 중인 3세대 전지로 나누기도 한다. 뒤로 갈수록 값이 싸고 효율이 좋아지는 것은 물론이다.

간혹 태양력 에너지를 '태양열' 에너지라고 부르며 추운 곳에서는 이를 활용하지 못하는 것으로 생각하는 사람들이 있다. 일조량이 많으면 태양 전지의 발전량이 늘어나는 것은 물론이지만 꼭 햇볕이 따갑고 더운 지방에서만 태양력을 쓸 수 있는 것은 아니다. 이를테면 세계에서 태양 전지 발전량이 가장 많고 태양 전지 발전량을 가장 빠르게 늘리고 있으며 가장 값싼 태양 전지를 가장 많이 생산하고 있는 나라는 중국이다. 중국의 태양 전지는 주로 티베트 고원지대에 설치되어 있다. 티베트 고원은 빈말로도 결코 따뜻한 곳이라고 할 수 없다. 나는 7월과 8월에 티베트 고원의 동쪽 가장자리를 따라 여행해본 적이 있는데, 한낮을 빼고는 늘 윈드스토퍼를 걸치고 다녀야 했고 밤이 되면 전기장판을 켜야 했다. 그럼에도 티베트 고원지대에는 맑은 날이 많기에 태양 전지가 열심히 일을 할 수 있다.

싼값으로 만든 태양 전지는 추운 나라와 더운 나라를 가리지 않고 일조량이 풍부한 날이면 많은 전력을 생산할 수 있다. 태양 전지를 설치하기 위해 숲을 밀고 단지를 조성할 필요도 없다. 모듈로 만들어 소규모로 배치할 수 있기에 공장 건물 옥상뿐만 아니라 아파트 베란다나 가정집 옥상에도 설치할 수 있다.

태양 전지의 효율이 전보다 얼마나 좋아졌느냐 하면 이제는 석유, 천연가스, 석탄으로 전기를 생산하는 경우와 엇비슷한 가격 경쟁력을 갖게 됐다. 즉 석유로 1킬로와트의 전기를 생산하는 데 들어가는 비용이 태양 전지로 1킬로와트의 전기를 생산하는 비용과 비슷해졌다는 뜻이다. 그 덕에 태양 전지 생산량과 설치 용량이 세계적으로 빠르게 증가하며 청정한 에너지를 제공하고 있다.

하지만 우리는 절대로, 절대로 태양 전지를 가지고 테크놀로지컬 라이선싱을 해서는 안 된다. 태양 전지 발전은 오염 없이 전기를 만들 수 있는 기술이지만 태양 전지를 만들고 (수명이 다 되어) 폐기할 때면 여지없이 많은 에너지가 사용되고 오염이 발생한다.

나아가 태양 전지는 일정 규모 이상의 설치 면적과 대량의 배터리 설비가 필요하다. 태양 전지만으로 국가 전력의 수십 퍼센트를 충당하는 일이 현재로서 불가능에 가까운 이유다. 하물며 우리가 태양 전지 보급이 늘어나고 있다는 이유로 "내가 쓰는 전기는 옛날에 비해 훨씬 그린그린한 전기야!"라면서 에너지 낭비를 시작하기라도 한다면 지구의 고통은 배가되고 인류의 미래에도 그늘이 드리울 것이다.

고마운 맹그로브 숲

에너지 기술의 발전에 더해서 우리가 지구의 생태계를 더 깊이 이해하고 그 힘을 적극적으로 활용하게 됐다는 점도 중요한 변화라고 할 수 있다. 과거에는 사람들이 자연환경과 각종 생물을 어떤 식으로 이용할지만 궁리했다. 환경주의가 무시할 수 없는 사조로 정착된 뒤로도 얼마간은 환경과 생태계에서 문제가 생긴 부분만 치료하려 하는 일종의 대증요법적인 접근이 주류를 이뤘다. 그러나 최근에는 사람들이 거대한 지구 환경과 복잡한 생태계 구조를 이해하고 어떻게 하면 그 거대한 힘을 끌어낼 수 있을지를 궁리한다.

물론 대증요법적인 접근 또한 지구 환경과 인류 복지에 커다란 이익을 가져다줬다. 독성 농약인 DDT가 생태계를 파괴하자 이를 규제한 일, 냉장고와 에어컨의 프레온(chlorofluorocarbon, CFC) 냉매가 오존층을 파괴하자 이를 프로페인과 암모니아로 바꾼 일 등이 대표적이다.

따지고 보면 우리는 DDT나 CFC의 사례를 통해 지구 환경과 생태계의 작동 방식을 더 깊이 이해하게 됐다. 해충을 잡으려고 농약을 살포했더니 새들이 죽었다. 쥐약을 놓아 쥐를 잡았더니 쥐를 잡아먹고 사는 족제비, 너구리, 여우도 죽었다. 여름을 시원하게 보내려고 CFC를 사용했더니 오존층이 파괴되고 극지방의 빙하가 녹고 해수면이 상승하는 결과가 나타났다. 이와 같은 경험을 통해 환경과 생태계가 얼마나 복잡하게 얽혀 있는지 이해할 수 있었고, 작은 동식물들이 지구의 균형에 어떤 기여를 하는지 알 수 있었으며, 그들을 공존·공생의 우군으로 만들어야겠다는 생각을 하게 됐다.

최근 들어 급증한 블루 카본(Blue Carbon) 생태계에 대한 관심 또한 이런 흐름의 연장선 위에 있다. 블루 카본이란 해양 생태계, 특히 맹그로브 숲과 해조류의 탄소 저장 능력을 강조하는 개념이다. 육상의 녹색 식물들이 형성하는 그린 카본(Green Carbon) 생태계와 대비를 이룬다는 측면에서 푸른 바다를 연상케 하는 블루 카본이라는 이름이 붙었다.

블루 카본을 그린 카본과 비교해 강조하는 것은 블루 카본의 탄소 저장 능력이 아주 뛰어나기 때문이다. 맹그로브는 열대의 얕은 바다에서 소금물 밑으로 뿌리를 내리고 살아가는 식물들을 통칭하는 이름이다. 전 세계 100개국 이상의 연안에서 총 15만 제곱킬로미터 규모의 숲을 이루고 있다. 이 15만 제곱킬로미터의 맹그로브 숲이 500만 제곱킬로미터가 넘는 아마존 열대우림에 비견될 정도로 많은 탄소를 흡수해 저장한다.

맹그로브는 오랜 역사를 거쳐 다양한 기후 환경과 서식지에 적응한 위대한 식물이다. 온실가스를 흡수하고 저장하는 능력과 해양 생태계를 보호하는 능력, 해안 침식을 막는 능력이 뛰어나다는 사실이 밝혀지면서 오늘날 크게 주목받고 있다.

　　과거에 사람들은 육상의 숲을 침식한 것과 똑같은 이유로 맹그로브 숲을 파괴하곤 했다. 바다 농사라고 할 수 있는 양식업 공간을 마련하기 위해서다. 특히 태국, 인도, 베트남, 중국, 필리핀, 인도네시아, 오스트레일리아, 브라질, 멕시코 등에서 빠른 속도로 맹그로브 숲이 사라져갔다. 21세기 초반까지 세계 맹그로브 숲 면적의 절반 가까이가 파괴됐다는 주장도 있다.

　　다행스럽게도 오늘날에는 사람들이 맹그로브 숲의 소중함을 깨닫고 맹그로브 숲을 되살리기 위해 많은 노력을 기울이고 있다. 맹그로브 숲은 각종 온실가스를 빨아들여 바다 깊숙한 곳에 처넣음으로써 온난화를 막는 첨병 노릇을 한다. 더운 지역에서 잘 자라는 맹그로브의 특성상 지구의 온난화가 진행될수록 맹그로브 숲이 확장되어 더 많은 온실가스를 흡수하고 저장한다. 맹그로브의 재생산은 씨를 물에 떠내려 보내는 방식으로 이루어지기 때문에 식물치고는 먼 거리를 이동해 뿌리내릴 수 있다. 그 덕에 맹그로브는 마치 바이러스에 반응해 활성화되는 면역세포처럼 온난화에 재깍 반응해 서식지를 늘림으로써 기후변화를 조절한다.

또한 맹그로브 숲은 열대 해양 생태계의 요람이기도 하다. 열대 지역 해안을 살펴보면 육지에서 가장 가까운 지역, 즉 수심이 가장 낮은 지역에 맹그로브 숲이 있다. 여기서 더 들어가면 열대 산호초가 형성된 곳이 많다. 거기서 한발 더 나아가면 바다가 본격적으로 펼쳐진다.

우리는 산호초가 해양 생태계의 보고라는 사실을 알고 있다. 산호초는 직접 동물성 플랑크톤을 잡아먹기도 하지만 공생 조류인 주산텔라(Zooxanthellae)로부터 영양분을 공급받기도 한다. 산호가 주산텔라의 갑옷이 되어주면 주산텔라는 광합성을 통해 산호에 영양소를 공급한다. 주산텔라가 광합성을 하므로 당연히 산호초는 탄소를 흡수하고 저장하는 능력을 갖추고 있다. 또 산호초는 수많은 해양 생물의 집이 되고 사냥터가 된다. 산호초에 사는 수많은 물고기와 갑각류는 산호가 건강하게 자라나는 데 도움을 주고 산호초를 위협하는 불가사리, 성게 등이 번성하지 못하도록 막아준다.

최근의 해양 생태계 연구를 통해 산호초와 맹그로브 숲 사이에 긴밀한 연관성이 있다는 사실이 밝혀졌다. 산호초에서 살아가는 물고기들 가운데 다수가 치어 시기를 맹그로브 숲에서 보낸다는 것이다. 맹그로브 숲이 치어를 보호하고 먹이를 제공해서 어른 물고기로 키우면 이들이 산호초에 터전을 잡고 산호초를 가꾸는 정원사 노릇을 한다. 이와 같은 건강한 순환 속에서 바다 생태계는 최대한의 능력을 발휘하고 온난화를 막아낸다.

마지막으로 한 가지만 더. 맹그로브 숲은 바닷물이 육지를 침식하지 않도록 막는 방파제 역할까지 수행한다. 최근 미국을 중심으로 바닷물의 침식을 막는 연안 하구 습지의 역할이 강조되고 있다. 그런데 맹그로브는 이와 같은 하구 습지보다 바닷물 침식을 더 잘 막고, 나아가 탄소 저장 능력도 더 뛰어나다.

우리나라에는 맹그로브 숲이 없다고 해서 너무 슬퍼하지 말자. 또 다른 블루 카본 생태계의 구성원인 해조류와 염생식물도 단위면적당 탄소 흡수 능력이 나무와 풀보다 뛰어나다. 그리고 우리나라는 세계에서 으뜸가는 해조류의 나라 가운데 하나다. 염생식물이 사는 갯벌도 널리 퍼져 있고 해안에는 온통 다시마와 톳과 미역과 김 등 해조류 천지다. 해조류와 염생식물 또한 맹그로브와 마찬가지로 탄소를 이용해 생명 활동을 한 다음 이를 바다 밑바닥에다가 꽁꽁 묻어버리기 때문에 탄소 저장 능력이 육상 식물보다 뛰어나다. 이런 사실을 알게 된 이후로 우리나라에서도 갯벌 생태계 보호에 대한 관심이 날로 높아지고 있다.

비무장지대에서 발견한 희망

환경과 생태계에 대한 깊은 이해를 통해 우리는 기후변화를 저지할 수도 있지만, 그에 앞서 위기에 처한 여러 생물 종을 보호하고 생태계의 다양성을 지켜낼 수 있다. 오늘날의 생태적 지식 수준은 과거와는 차원이 다르다. 과거에 제작된 자연 다큐멘터리를 보면 "이 신비로운 녀석들의 생태는 아직 알려지지 않은 바가 너무도 많습니다. 이들을 보호해야 합니다"라는 이야기를 종종 들을 수 있었다. 그때와 달리 지금은 무엇이 이들을 멸종 위기로 몰아넣고 있는지, 이들을 돕는 최선의 방법은 무엇인지 잘 알게 됐다.

단적인 예로 새들이 전선에 부딪혀 죽는 일을 방지하기 위한 연구들을 종합한 논문(Bernardino, Bevanger, Barrientos & Dwyer, 2018)을 잠시 살펴보자. 저자들은 기존 연구자들이 새들의 종에 따라 어떤 연구를 했는지, 지역의 특성(기후와 지형 등)에 따라 어떤 연구를 했는지, 전선의 종류에 따라 어떤 연구를 했는지 조목 조목 따져본다. 새의 충돌을 막기 위해 어떤 기법들이 제안되고 있는지 살펴본 것은 물론이다.

다양한 연구 결과를 검토한 뒤에는 전선의 종류에 따른 연구가 부족하고 유럽과 북미 외 지역의 연구가 뒤처졌으며 충돌 방지 기법의 개발이 지지부진하다고 질타한다. 당장 새들의 충돌을 감지하는 기술을 적극적으로 도입해 더욱 정확한 자료를 얻고, 이를 바탕으로 새들에게 가장 안전한 전선을 만드는 법을 연구해야 한다고 목소리를 높인다. 이처럼 사람들은 세계 각지에서 갖가지 이유로 어려움을 겪는 여러 동식물을 보살피기 위해 세심하고 집요하고 철저하게 연구하며 발전 방향을 모색하고 있다.

우리나라에는 세계적으로 손꼽히는 규모의 생태 실험장이 있다. DMZ, 즉 남북 사이의 비무장지대다. 오늘날 생태계의 복원력에 대해 이야기할 때면 반드시 포함되는 사례인 비무장지대는 인간이 자연을 자연에 돌려줬을 때 어떤 일이 일어나는지 웅변한다.

비무장지대가 중요하게 다루어지는 이유로는 크게 두 가지가 있다. 첫째는 인간이 가하는 압력이 사라지면, 즉 인간이 사냥을 하지 않거나 서식지를 침범하지 않으면 자연은 놀라울 정도의 회복력을 발휘한다는 사실을 보여준다는 점이다. 1953년 휴전 이후로 비무장지대는 세계의 어떤 국립공원과 보호구역보다 철저하게 인간의 발길이 차단된 구역이었다. 인간 활동이 없어지자 고작 수십 년 만에 비무장지대는 동식물의 낙원이 됐다.

오늘날 비무장지대는 우리나라 멸종 위기종의 40퍼센트 가까이가 터전으로 삼고 있는 곳이다. 두루미, 산양, 사향노루, 수달, 여우, 반달곰 등이 이곳에서 살며 번식한다.

둘째로 비무장지대는 생명 다양성 보존이라는 측면에서 서식지 연결의 문제가 얼마나 중요한지를 우리에게 가르쳐준다. 최근 학자들은 동물의 서식지를 계산할 때 단순한 서식지 면적의 합이 아니라 하나로 연결된 서식지의 넓이를 따져야 한다는 사실을 깨달았다. 똑같은 면적이라도 서식지가 도로와 전선과 인간 거주지로 조각조각 나뉜 경우와 하나로 연결된 경우는 차이가 크다. 서식지가 연결되어 있으면 동물들이 먹이를 찾아 넓은 범위를 이동할 수 있다. 로드킬을 당하거나 전선에 부딪혀 죽는 일도 피할 수 있고 인가에 출몰했다가 죽임을 당하는 일도 면할 수 있다.

그뿐만 아니라 짝을 찾아 멀리까지 이동할 수 있기에 종의 생존과 진화에 필수적인 넓은 유전자 풀을 확보할 수 있다. 좁은 서식지 또는 파편화된 서식지에 갇혀 사는 동물들은 근친 간에 짝짓기를 할 수밖에 없기에 갈수록 환경의 압력에 취약해진다. 반면 넓은 서식지가 서로 연결되어 있다면 유전적 다양성이 커지므로 종이 환경의 압력을 이겨낼 가능성이 커진다.

50/500 법칙

한 종의 개체 수가 어느 정도나 되어야 멸종을 면할 수 있을까? "암수 한 쌍, 두 마리만 있으면 되는 것 아닌가요? 노아의 방주가 그랬다면서요"라고 답할 수도 있겠지만 현실은 이보다 더 복잡하다. 어떤 종의 수가 너무 줄어들어 근친교배를 할 수밖에 없거나 유전자 풀이 일정 규모 이하로 줄어들면 이들은 유전적으로 급격히 취약해진다. 특정한 결함 유전자가 종 전체에 걸쳐 우세해지거나 다양한 환경 압력에 대응하게 해주는 유전자들이 아예 사라져버릴 수도 있기 때문이다.

50/500 법칙이란 1980년에 이언 프랭클린과 마이클 술레가 제안한 '생존가능최소개체군' 계산법이다. 이들은 한 종의 개체 수가 최소 50은 되어야 근친교배를 피할 수 있고, 나아가 최소 500은 되어야 종이 유전적으로 취약해지는 것을 막을 수 있다고 주장했다. 우리나라 소백산 여우 복원 사업의 목표치도 개체 수가 50인데, 바로 이 50/500 법칙에 근거를 두고 설정한 최소 수치라고 할 수 있다.

이언 프랭클린과 마이클 술레는 50/500 법칙을 모든 종에 적용할 수 있다고 주장했지만, 이는 사실과 다른 것으로 밝혀졌다. 오늘날에는 종의 재생산 능력이나 각종 환경 요소까지 포괄하는 정밀한 시뮬레이션 기법이 발전해 종의 미래를 점치고 멸종 위기종 보호 노력의 효과를 드높이고 있다.

비무장지대는 길이가 250킬로미터가 넘지만 놀랍게도 폭은 4킬로미터밖에 되지 않는 협소한 생태계다. 그럼에도 전체 영역이 도로와 전선으로 분리되지 않고 연결된 덕분에 멸종 위기종의 보고가 될 수 있었다. 비무장지대는 서식지 연결의 중요성을

긴팔원숭이를 위한 생태 통로. 중국 하이난 지역에만 서식하는 하이난 긴팔원숭이들이 생태 통로를 이용해 계곡을 건너는 모습이다. 긴팔원숭이를 위해 하늘길을 열어준 것처럼, 종에 따라 지역 특성에 따라 동물들의 서식지를 이어주기 위한 세심한 연구와 노력이 필요하다.

(출처: 카도리에 농식물원(Kadoorie Farm & Botanic Garden))

널리 알려 세계적인 생태계 다양성 보존 운동에 기여하고 있다. 오늘날 세계 여러 나라에서는 서식지 연결을 위해 인간의 활동 영역을 조정하고, 더 간단하게는 도로 위나 철로 밑에 동물들이 지나다닐 수 있는 생태 통로를 만들기도 한다.

생태 통로는 그곳의 생태계 구성원들의 특성에 따라 각양각색의 형태로 만들 수 있다. 동남아시아와 중국 남부에 서식하는 대표적인 동물로 정글 우듬지를 누비는 긴팔원숭이를 들 수 있다. 긴팔원숭이는 나무 위에서 긴 팔을 이용해 이동하고 먹이를 찾고 가족을 이루게끔 진화했기에 땅에 내려오면 움직임이 굼떠서 포식자에게 쉽게 잡아먹히고 특히 길을 건너다가 차에 치이는 사고가 빈발했다. 이에 사람들은 도로 양편의 나무를 줄로 연결해 긴팔원숭이가 건너다니며 서식지를 온전히 누비게 했다.

공 포 는
올 지
않 다

5

달이 아닌 손가락을 보게 하다

지금까지 우리는 사랑과 희망이야말로 우리를 생태주의자로 만들고 많은 이들의 친환경 행동을 이끌 수 있다는 사실을 살펴봤다. 우리는 자연을 사랑하기 때문에 기후 위기의 시대에도 희망을 가질 수 있다. 이는 거짓 희망, 헛된 말장난이 아니라 사회적·심리적·기술적 흐름으로 뒷받침할 수 있는 알맹이가 꽉 들어찬 희망이다.

동시에 우리는 공포 메시지를 이용하는 환경운동의 악영향에 대해서도 살펴봤다. 공포는 우리를 앞으로 나아가게 하는 정서가 아니라 제자리에 움츠러들게 하는 정서다. 공포 메시지는 우리가 환경과 생태계를 위해 앞장서 행동하도록 만들기는커녕 오히려 각자도생을 추구하는 불안한 대중을 양산한다.

이제 공포 메시지의 중요한 역기능을 마저 짚어본 뒤 1부를 마무리하려 한다. 바로 공포 메시지가 달이 아니라 손가락을 보게 한다는 사실이다. 우리가 열심히 찾아내야 할 것은 우리 마음속에 깃든 자연에 대한 사랑이며 희망이다. 분명 기후 위기를 경고하는 목소리들은 우리가 아끼고 지키고 행동하게 해야 할 텐데, 그게 잘 되지를 않는다. 메시지가 워낙 위협적이라서 우리가 오로지 메시지 자체에만 주목하게 되기 때문이다. 분명 달을 가리킨다고 뻗은 손가락일 텐데, 손가락에 온통 주의를 빼앗겨 달을 볼 수가 없다. 가만히 보다 보니 그 손가락이 우리를 가리키고 있는 것 같기도 하다.

16세기 프랑스 프로방스 지방에 미셸 드 노스트르담므라는 사람이 살았다. 아직 일어나지도 않은 일을 족집게처럼 잘 맞힌다고 하여 당시 왕이던 앙리 2세에게도 중용됐다. 훗날 노스트라다무스라는 이름으로 알려지게 되는 이 남자는 자신이 남긴 예언이 전 세계적으로 유명한 대중문화 밈이 되리라는 걸 알았을까?

사실 노스트라다무스는 인류 멸망을 예언한 적이 없다. 그가 남긴 '예언서'는 아무도 무슨 말인지 정확히 알 수 없고 과거의 일인지 미래의 일인지도 불분명한 두루뭉술한 표현들로 가득 차 있을 뿐이다. 그의 망상에서 비롯된 문장들일 수도 있고 문학적 상상력의 발로일 수도 있지만, 아무래도 노스트라다무스의 사기꾼 기질에서 비롯된 생계 전략에 가까워 보인다.

모호한 말을 잔뜩 써놓으면 암시에 취약하고 부정적 사건에 민감하며 방어적으로 미래를 대비하고 싶어 하는 사람들이 이를 자기들 원하는 대로 해석해 "글쎄, 그게 기가 막히게 들어맞는다니까!"라고 소문을 낸다. 미셸 드 노스트르담므는 프랑스 왕실에서 이런 소문을 퍼뜨려준 덕분에 예언가로서 명성과 부를 누릴 수 있었다.

이는 동서고금의 예언가(즉 사기꾼)들이 유구히 활용해온 전략이다. 최대한 다양한 해석이 가능하도록 모호하게 말하고, 자기가 한 말이랑 조금이라도 비슷한 현상이 자기가 설정한 광범위한 시간 범위와 지리적 범위 안 어디선가 발생하면 이를 가리켜 예언이 적중한 거라고 우기고, 이런 말을 믿는 사람들로부터 존중과 헌금을 거두어들이는 방식이다.

옛날이야기, 먼 나라 이야기일 뿐이라고 생각하지 마시라. 21세기에 들어와 가장 유행하는 예언 가운데 하나가 한국에서 전쟁이 난다는 것이다. 사기꾼들의 말대로라면 한국은 2010년대에 매년 전쟁이 터졌을 것이다. 9·11 테러를 예언했다는 이들도 부지기수고 요즘은 코로나 팬데믹을 예견했다는 전적도 사기꾼들의 포트폴리오에 떡하니 한 자리를 차지한다. SNS와 유튜브의 시대를 맞아 사기꾼들이 펼치는 틈새시장 공략 경쟁이 그만큼 치열하다.

1990년대에 유행한 '노스트라다무스의 예언'이란 간단히 말해 '1999년에 세계가 멸망한다'라는 것이었다. 실제로 그의 책에는 1999년에 어디서 위대한 왕이 나타날 거라는 내용밖에 안 쓰여 있었는데, 후대 사람들이 내용을 덧붙이고 확대 해석한 까닭에 최종적으로 이런 무시무시한 예언이 탄생했다.

세기말을 맞아 무시무시한 예언이 퍼져나가자 혹자는 현혹되고 혹자는 불안해했지만, 대부분의 사람은 이런 반응을 보이지 않았을까 싶다. 누군가가 "1999년에 세계가 멸망한다더라" 하고 말하면 "너 그때 세계 멸망 안 하면 어떻게 할 거야, 응? 어떻게 책임질 거냐고"라며 그 사람을 몰아붙였으리라. 즉 우리는 그런 말을 하는 사람에게 화를 냈을 것이다. 우리에게 불안을 심어주고 공포를 느끼게 하려는 발화자의 의도를 정확히 알아차리고 내놓은 반응이니 이는 정당한 분노라고 할 수 있다.

지하철에서 예수 안 믿으면 지옥 간다는 사람을 봤을 때나 박근혜 전 대통령이 계엄령을 선포해서 권력을 유지하려 한다는 소리를 들었을 때, 푸틴이 세계의 면전에 대고 핵무기 단추를 만지작거렸을 때의 반응도 똑같았다. 우리는 화를 내기도 하고 두고 보자는 마음을 품기도 했다. 우리는 겁을 줘서 우리 마음을 조종하려는 이들에게 이처럼 짜증을 내거나 복수심을 품는다. 그래서 우리는 예언의 시간이 되기만을 기다린다. 너희가 틀렸다고, 정신 차리라고 면박을 줄 수 있는 그때를 기다린다. 해당 이슈에 크게 관심이 없거나 밀접한 이해관계를 갖고 있지 않더라도, 우리는 메시지의 의도를 알아채는 순간 이런 반응을 보이게 된다.

환경운동가들이 내세우는 공포 메시지라고 해서 사람들의 짜증과 복수심에서 벗어날 수는 없다. 기후 위기 때문에 2030년까지 우리가 아는 세계가 종말에 이를 거라는 이브 코셰의 예언을 떠올려보자. 이런 예언은 많은 사람이 2030년을 기다리며 칼을 갈게 할 뿐이다. 공포 메시지에 대한 거부감은 메시지를 생산하거나 유포한 사람에 대한 반감으로 이어져 이후의 사회적 논의 과정을 심각하게 왜곡시킨다. 기후변화 부정론자들의 비과학적 메시지가 환경주의자들의 종말론을 부추겼듯이, 환경주의자들의 극단적 공포 메시지는 이에 반감을 품은 사람들의 극단적 반발을 부추긴다.

양측이 극단적 입장을 강화하며 피 터지게 싸움을 벌이면 대부분 사람은 이들 모두로부터, 즉 이슈 자체로부터 멀어지게 된다는 점을 잊어서는 안 된다. 마치 선거에 나온 후보들이 서로 막말과 근거 없는 폭로로 진흙탕 싸움을 하면 전체 투표율이 낮아지는 것과 같다. 환경을 위해 행동하고 싶어 하는 수많은 사람이 환경주의와 관련된 논의를 통해 아무런 아이디어도 얻지 못하고 어떤 동기도 부여받지 못하는 일이 발생할 수 있다는 말이다.

'지구를 위한다는 착각'의 착각

최근 출판된 마이클 셸런버거의 《지구를 위한다는 착각》은 양극단의 진흙탕 싸움이 어떤 것인지, 이것이 얼마나 환경에 해로운지 잘 알게 해주는 책이다. 이 책은 극단적 환경주의의 공포 메시지를 비판해 많은 호응을 얻었다.

그렇다고 해서 셸런버거가 기후변화 부정론자는 아니다. 오히려 책을 통해 기후변화 부정론자들을 웃음거리 취급하고 거대 석유 회사인 엑손모빌이 석유 산업의 악영향을 알고 있었으면서도 기후변화 부정론을 퍼뜨리는 데 돈을 쏟아부었다고 비판한다. 또한 그는 지구 환경 보호를 위해서는 저개발 국가의 삶의 질 향상이 무엇보다 중요하다고 생각하며 선진국에서 저개발 국가의 에너지 인프라와 쓰레기 처리 체계 정립을 직접 도와주어야 한다는 입장을 견지한다. 언뜻 들으면 극렬 환경운동가들과 같은 주장을 펼치고 있는 듯하다.

그러나 책을 몇 장만 넘겨보면 셸런버거가 자연을 사랑하고 환경에 대해 마음을 쓰는 대다수의 사람을 위해 이 책을 쓴 것이 아니라는 점을 바로 알 수 있다. 저자의 관심은 온통 그가 종말론적 환경주의 또는 환경 양치기라고 부르는 극단적 환경주의에 쏠려 있다. 한마디로《지구를 위한다는 착각》은 기후 공포 메시지에 대한 알레르기 발작이 탄생시킨 책이라고 할 수 있다.

책을 읽고 나서 기억에 남는 내용이라고는 환경운동가들이 기독교적 종말론에 사로잡힌 망상꾼들이고, 재생에너지 기업과 천연가스 회사로부터 후원받은 돈을 흥청망청 써대는 위선자들이며, 이들이 벌이는 운동은 플라스틱 쓰레기 줄이기부터 멸종 위기종 보호 운동에 이르기까지 모조리 사기와 위선에 불과하다는 저자의 주장뿐이다. 무차별적 비난과 경멸의 메시지 때문에 저자가 그토록 중요하게 생각하는 원자력의 장점에 대한 내용은 신뢰가 가지 않고 기억에도 남지 않는다. 게다가 셸런버거는 소비자들이 할 수 있는 구체적인 친환경 행동들을 아예 언급조차 하지 않았다.

이런 까닭에 환경을 생각하고 자연을 사랑하는 대부분 사람은《지구를 위한다는 착각》을 읽고도 별다른 영감을 받을 수가 없다. 극단적 환경주의의 공포 메시지 속에서나《지구를 위한다는 착각》의 극단적 반론 속에서나 자연을 사랑하고 지구를 위해 행동하고자 하는 많은 사람은 그저 자본주의적 욕망의 노예로 다뤄질 뿐이다. 가만 놓아두면 자연 파괴를 일삼는 존재, 그래서 혁명적 퇴행을 통해서만 통제할 수 있는 존재이거나 GDP 증가에 따라 에너지 소비를 증가시키는 일밖에 할 줄 모르는 틀에 갇

힌 존재라는 것이다.

《지구를 위한다는 착각》은 오늘날 환경이라는 주제를 놓고 펼쳐지는 극단적 논쟁과 그 부작용을 잘 보여주는 책이다. 나는 우리나라 사람들이 아직까지 이런 진흙탕 싸움에 빠져들지 않은 상태라는 사실에 감사한다. 우리는 서로 치고받고 절름거리며 제자리를 맴돌 만큼 여유가 많지 않다.

특히 검증 불가능한 가능성들에 대해 이야기할 때 양측 모두 극단적 주장에 빠질 우려가 있다는 점을 기억하자. 이는 과학적 사실에 대해 논하는 일이 아니라 종교적 믿음에 대해 논하는 일이기 때문이다. 논쟁이라기보다 교리문답 또는 이단 심문이라고 불릴 만한 과정이다.

이를테면 나는 대학 시절 어떤 기독교 신자에게 "하나님이 인간을 그렇게 사랑한다는데, 그러면서도 자길 안 믿는 사람은 지옥에 보내 영원히 고통받도록 한다는 게 말이 안 되는 것 같아요"라고 말한 적이 있다. 그러자 그는 "나는 그런 이야기를 들으면 오히려 '아 진짜 하나님이 역사하시는구나'라는 생각을 해. 누군가에게는 축복과 구원의 증거인 것이 누군가에게는 불신의 증거가 된다는 게 말이야"라고 답했다. 어차피 두 사람 다 증거와 사실을 가지고 말하는 것이 아니었기 때문에 이 대화의 결론은 이런 식으로 날 수밖에 없었으리라.

지금까지 공포 메시지의 역기능을 자세히 살펴본 데에는 두 가지 이유가 있다. 첫째는 곳곳에서 들려오는 환경 관련 공포 메시지에 대해 우리 개개인이 능동적으로 판단할 수 있도록 하기 위함이다. 만약 공포 메시지가 친환경 행동에 나서도록 우리를 돕지 못한다는 생각이 든다면 이제는 진짜로 도움이 되는 정보와 메시지가 무엇인지 찾아 나설 때다. 절망의 메시지에 실망했다면 희망의 메시지에 귀를 기울여보고, 변화의 주체에서 소외되고 있다고 느낀다면 실질적이고 능동적인 변화 전략을 고민함으로써 정체 상태에서 벗어날 수 있다.

공포 메시지의 역기능을 알아야 하는 두 번째 이유는 우리가 할 수 있는 최고의 친환경 행동 가운데 하나인 친환경 행동 퍼뜨리기를 해내기 위해서다. 공포 메시지가 환경 메시지의 디폴트 설정인 양 말하고 행동하다 보면 친환경 행동을 퍼뜨리기는커녕 다른 사람들이 친환경 행동에 나서는 것을 막는 결과가 발생할 수도 있다.

우리는 종말의 공포에 압도되어 자신을 지키기 위해 친환경 행동에 나서는 것이 아니다. 우리는 자연을 사랑하기 때문에 자신의 편의를 희생하면서까지 자연을 위한 행동에 나선다. 환경 재앙의 공포를 설파하는 일은 우리가 가진 자연 사랑의 마음과 친환경 행동 목표를 이기적이고 방어적인 위기 회피 목표로 바꾸는 일이다.

"그래도 때로는 공포가 필요한 것 아닌가요?"라고 말하는 사람도 있을 것이다. 〈돈 룩 업〉에서 레오나르도 디카프리오가 말하는 것처럼 위기에 봉착했으니 사람들에게 겁을 주어서라도 현실을 인식하게 해야 한다는 생각이다. 하지만 공포 정서를 활용한 커뮤니케이션은 본질적으로 옳지 못하다. 공포 커뮤니케이션은 근본적으로 비윤리적이다.

공포 메시지가 왜 비윤리적인지 이해하기 위해 공포 '메시지'라는 말을 공포 '정치'로 바꿔보자. 누구나 공포 정치를 비도덕적 정치 행태라고 생각한다. 물리적 폭력과 언어적 공포를 이용해 국민을 겁박하고 반대파를 탄압해 위정자들이 의도하는 바를 달성하려 하는 정치는 깊은 불신과 혐오, 분노를 불러일으킨다. 공포 정치에 대한 도덕적 혐오는 시대를 초월하고 지역에 얽매이지 않으며 좌우를 따지지도 않는다.

공포 메시지는 본질적으로 공포 정치에 쓰이는 커뮤니케이션 수단이다. 공포를 통해 타인의 행동에 영향을 미치겠다는 생각 자체가 정의롭지 못하다. 공포 정치가 당연히 척결해야 할 정치 행태라면 공포 메시지 또한 그럴 것이다.

공포 메시지에 겁먹고 기죽지 않는 것은 물론이고 우리가 나서서 다른 사람들을 겁주고 기죽이는 일도 삼가자. 그 대신 나와 타인의 마음속에서 자연에 대한 사랑을 일깨우고 미래를 위해 행동할 희망을 발견하자. 그리고 열렬히 행동하자.

2부

효능감 | 수치심보다

세 상 을
바 꾸 는
효 능 감

6

'침묵의 봄'은
우리를 절망으로 내몰지 않았다

매는 세상에서 가장 눈이 좋은 동물이자 가장 속도가 빠른 동물이다. 상공에 높이 떠서 지상을 관찰하다가 살집이 통통한 설치류를 발견하면 시속 300킬로미터의 속도로 강하해서 낚아챈다. 영어로는 페레그린 팰컨(peregrine falcon)이라고 부르는데, 페레그린이라는 말은 라틴어로 외국인 또는 철새를 뜻하는 'peregrinus'에서 왔지만 그렇다고 해서 매가 철새인 것은 아니다. 바위 절벽이나 산악 지역 등 사람의 손길이 잘 닿지 않는 곳에 둥지를 트고 살아 마치 다른 세상에서 날아온 새들처럼 보였기에 이런 이름이 붙었다.

매는 지구상에 가장 널리 분포하는 동물 가운데 하나다. 매가 상공을 배회하며 먹이를 찾거나 먹잇감을 향해 급강하하는 모습은 머리털 나고서 한 번도 자연에 경탄해보지 못한 사람조차 팬으로 만들 만큼 멋지고 경이롭다. 나는 2009년에 스리랑카 북부에서 매가 사냥하는 모습을 처음 봤는데, 몇 마리의 매가 저

수지 위를 배회하다가 차례차례 수면을 향해 강하하는 모습을 지금도 생생하게 떠올릴 수 있다. 가히 지구 생태계를 대표하는 생명체 중 하나라고 할 만한 아름다운 모습이었다.

매는 디클로로디페닐트리클로로에탄, 즉 DDT의 사용 때문에 20세기 중반 세계 각지에서 멸종 위기에 처했다. DDT는 파울 헤르만 뮐러라는 스위스 화학자가 개발한 살충제다. 사람과 동물에게 급격한 독성 반응을 일으키지 않으면서도 살충 효과가 탁월하고 싼값에 대량으로 생산할 수 있다는 장점이 있었다.

DDT는 농작물의 병충해 피해를 막을 뿐만 아니라 말라리아와 티푸스를 옮기는 해충을 박멸해 인류의 복지 향상에 커다란 기여를 했다. 유엔과 각국 정부에서는 농업 생산성 증가와 건강 증진을 위해 DDT 사용을 적극적으로 권장했고, 개발자인 뮐러는 공로를 인정받아 1948년에 노벨 의학상을 받았다. 1960년대에 이르면 세계 각지에서 '녹색 혁명'이라고 부르는 농업 혁명이 일어나는데, 이때 DDT가 큰 역할을 했다.

녹색 혁명

이름에 '녹색'이 들어간다고 해서 환경주의 혁명인 줄 착각하지 마시길. 녹색 혁명이란 1960년대에 세계 각지의 농업 생산력이 급증한 일을 가리키는 말이다. 이는 화학비료와 농약 등 화학 부문의 혁신이 가져온 결과이지만 노먼 볼로그의 밀 품종 개량으로 대표되는 각종 다수확 품종 개발의 결과이기도 하다. 또 다른 유명 다수확 품종으로는 1960년대에 개발되어

1970년대 초부터 일반화된 우리나라의 통일벼가 있다.

녹색 혁명이 있기 전까지는 많은 사람이 인구 증가 때문에 인류가 멸망할 것으로 생각했다. 19세기 영국의 경제학자 토머스 맬서스는 "인구는 기하급수적으로 증가하고 식량은 산술급수적으로 증가한다"라는 말로 유명한 《인구론》을 발표했다. 이는 찰스 다윈과 앨프리드 러셀 월리스의 진화론으로 이어졌고, 다시 허버트 스펜서의 사회진화론으로 이어졌다. 사회진화론이란 세상 모든 사람이 다 번성할 수는 없으니 가장 '적합한' 민족이 다른 민족을 밀어낼 수밖에 없다는 이론이다. "잘난 우리가 번성하려면 못난 너희 인구가 좀 줄어야겠다"라는 제로섬 게임의 관점이다.

맬서스와 스펜서의 이론에 나타난 인구 종말 또는 식량 종말에 대한 공포는 극단적인 적응 행동을 불러오기도 했다. 아리아 민족주의를 내세우며 열등한 인간(untermensch)을 청소하겠다고 설쳐댔던 나치즘이 가장 유명한 사례다. 나치는 공포로부터 탄생해서 사람들의 공포를 먹고 자라나 만천하에 공포를 퍼뜨렸던 공포의 자식들이다.

인구 종말론은 여전히 우리의 근원적 공포를 자극하는 주제다. 1968년에 출판된 에를리히의 《인구 폭탄(The Population Bomb)》이 커다란 인기를 끈 것도 같은 맥락에서다(제목을 듣고 딱 짐작할 수 있는 그런 내용을 담고 있다). 오늘날의 환경운동가들도 기후 변화의 가장 큰 폐해로 전 세계적인 식량 부족과 기아를 꼽곤 한다. 인구 최대치가 가시권에 들어오고 우리가 100억의 인구를 먹여 살릴 수 있다는 자신감을 가지고 있으니 다행이다. 그 렇지 않다면 나치의 후예를 자처하며 극단적인 적응 행동에 나서는 이들이 오늘날에도 세계 각지를 활보하고 있을 테니 말이다.

하지만 DDT는 분해가 더디고 식물이나 동물의 몸속 지방 질에 고스란히 축적되는 부작용이 있었다. DDT의 사용이 늘 수록 곤충뿐만 아니라 양서류와 조류들이 타격을 입기 시작했 다. 더군다나 사람들은 경비행기에 DDT를 싣고 공중에서 살포 하기도 하고 해충 박멸을 목적으로 숲과 하천 유역에도 DDT를 살포했다. 당대의 여러 생명이 이 우직한 화학물질로부터 얼마 나 큰 위협을 받았을지 짐작하게 하는 대목이다.

특히 매와 같은 맹금류들이 처한 상황이 심각했다. 곤충 1마 리의 몸에는 DDT가 극소량 농축될 수 있지만 곤충 100마리를 잡아먹은 쥐의 몸에는 그 100배의 DDT가 축적되고, 쥐 100마 리를 잡아먹은 매와 독수리의 몸에는 1만 배의 DDT가 축적되 기 때문이다. 수은이나 DDT처럼 분해가 더딘 물질을 자연에 흘 려보낼 때면 늘 일어나는 '생물농축' 현상이다.

DDT로 어려움을 겪던 매와 독수리의 운명은 1962년을 기 점으로 바뀌었다. DDT의 부작용에 대한 인식이 막 생겨나던 그 무렵에 출판된 책《침묵의 봄》이 세상을 뒤흔들었기 때문이다. 미국의 해양생물학자 레이첼 카슨은 많은 양의 자료뿐만 아니라 병마와도 싸워가며《침묵의 봄》을 썼다(그는 책이 출판된 지 2년 만에

미국 국가 인장에 등장하는 흰머리수리의 모습. 매와 함께 흰머리수리 또한 DDT로 멸종 위기를 맞은 바 있다. 호랑이 없는 호랑이의 나라 대한민국처럼 미국 또한 흰머리수리 없는 독수리 나라가 될 뻔했다는 뜻이다.

암으로 사망했다). 이 책을 통해 카슨은 DDT의 위험성을 널리 알렸고, 결국 미국은 1972년에 DDT를 농약으로 사용하지 못하도록 법으로 금지했다.

《침묵의 봄》은 많은 사람의 열렬한 행동을 불러일으키기에 완벽한 책이었다. 생명의 소리가 꺼져버린 미국의 현실을 냉정히 고발하면서도 결코 독자를 절망과 패배주의로 몰아가지 않았다. 카슨은 크고 먼 주제를 다루지 않고 독자들의 곁에서 벌어지는 일, 독자들의 선택으로 즉각적인 변화를 이끌 수 있는 구체적인 행동인 DDT 사용 중지에 대해 논했다. 동시에 DDT를 쓰지 않고 해충 방역을 할 수 있는 곤충 불임이나 미생물과 천적을 이용한 해충 박멸 등 다양한 대안을 제시했다.

《침묵의 봄》이후 사람들은 거의 즉각적으로 행동에 나섰다.

화학 회사에서 이 책의 효과를 무마하기 위해 미디어를 동원한 선전과 법적 소송 등 온갖 방법을 동원했지만 행동에 나선 소비자들과 학자들의 힘은 무서웠다.

결국 세계 여러 나라에서 차라리 말라리아에 걸릴지언정 DDT로 새들을 죽이지는 않겠다는 DDT 금지법이 제정됐다. 실제로 DDT가 널리 사용되던 무렵에 비하면 오늘날의 말라리아 발병률은 다소 상승했다. 그러나 우리는 좀 더디더라도 새를 죽이지 않고 말라리아를 퇴치할 방법을 모색하려 하지 과거처럼 대규모로 DDT를 살포하지 않는다.《침묵의 봄》은 물리적·시간적으로 가까운 거리에 있는 구체적인 문제에 집중함으로써 사람들의 인식과 행동의 변화를 일으킨 통쾌한 성공 사례다.

DDT 사용이 중지되고, 서식지 보호와 방생 등 다방면의 노력이 더해진 결과 오늘날 매와 흰머리수리는 세계자연보전연맹 리스트상에서 '걱정 없어요' 상태에 자리해 있다. 우리의 구체적인 노력 속에서 매는 다시금 지구의 하늘을 상징하는 존재가 됐고 그 유려한 몸짓으로 공존의 희망을 과시하는 존재가 됐다.

DDT의 역사는 인간이 자기만을 생각하는 이기주의자도 아니고 문명의 이기만을 추종하는 눈먼 낙관주의자도 아니라는 사실을 보여준다. 또한《침묵의 봄》사례는 자연을 사랑하는 우리의 마음을 단호한 행동으로 연결해주는 마법과 같은 심리적 요소의 존재를 시사한다.

효능감, 잘할 수 있다는 믿음

자연에 대한 사랑을 친환경 행동으로 옮기는 데 가장 중요한 심리적 요소는 효능감이다. 효능감이란 우리가 특정한 사안에 대해 갖는 자신감으로, 친환경 행동과 공존의 생활 습관뿐만 아니라 우리 삶 대부분의 영역에서 중심 역할을 수행하는 강력한 심리적 변수다.

일에 자신감을 가진 사람이 일을 잘하고, 연애에 자신감을 가진 사람이 연애를 잘하며, 여행에 자신감을 가진 사람이 여행을 잘한다. 효능감을 가지고 어떤 일을 잘 해내면 다시 효능감이 증폭되는 효과가 생긴다. 이처럼 효능감은 상향나선효과를 일으키며 우리의 심리적 자질과 경력을 성장시킨다.

효능감은 한번 불을 붙이면 점점 더 강하게 타오르는 성질이 있기 때문에 불씨를 지피는 일이 중요하다. 즉 초기에 어떤 분야나 일에서 작으나마 성공 경험을 쌓고 자신감을 느끼면, 효능감이 고취되어 점차 어렵고 고차적인 목표에도 도전할 수 있게 된다. 또한 말로 잘 설득하는("잘했어!", "싹수가 보여요", "재능이 있는데?" 등) 것도 사람에게 효능감을 불어넣는 방법 중 하나다. 보고 배울 만한 사람을 만나 그 사람의 효능감을 흡수하는 것도 좋은 방법이다. 종합해 말하면 마치 파일럿이 되기 위해 먼저 시뮬레이터 앞에서 작은 성공을 맛보고, 가족과 친구의 지지를 받고, 선배 조종사의 곁에 앉아 그의 지식과 습관과 마음가짐을 모조리 흡수하는 것과 같다.

우리는 이런 식으로 친환경 행동에 대한 효능감도 증가시킬 수 있는데, 이때 한 가지 유의할 점이 있다. 가까운 시일 안에 긍정적인 효과를 눈으로 확인할 수 있는 경우가 아니라면 효능감이 잘 늘어나지 않는다는 것이다. 흔히 말하는 '적시적 피드백'의 중요성이다. 효능감이라는 주관적 느낌에는 두 가지 측면이 있다. 첫째는 내가 뭔가를 잘할 수 있다는 느낌이고 둘째는 내가 의미 있는 결과를 낼 수 있다는 느낌이다. 가까운 곳에서 뚜렷이 확인할 수 있는 긍정적인 효과가 없다면 특히 효능감의 두 번째 측면인 의미 있는 결과를 낼 수 있다는 느낌이 증진되기 어렵다.

의미 있는 결과를 낼 수 있다는 느낌이 왜 중요한지 한 가지 사례를 통해 살펴보자. 나는 늘 몸에 근육이 좀 더 붙었으면 하는 소망을 가진 채로 살아왔다. 근육을 붙이려면 운동을 해야 하는데, 나는 운동 효능감이 그다지 높은 편이 아니다. 운동을 잘할 수 있다는 자신감은 있지만 운동을 해봤자 근육이 붙을 거라는 자신감이 없기 때문이다. 먹는 게 부족해서 그런가 싶어 많이 먹어봐도 그만큼 배만 더 나올 뿐이고, 그렇다고 해서 운동 강도를 높이면 근육이 붙기는커녕 살만 빠질 뿐이다. 진퇴양난이다.

반대로 의미 있는 결과를 낼 수 있다는 자신감은 잘할 수 있다는 자신감을 견인할 수 있다. 내셔널 지오그래픽 채널에서 방영한 〈지구 중심까지의 레이스(Race to the center of the earth)〉는 100만 달러의 상금을 걸어놓았을 때 사람들이 한 번도 해보지 않은 고난도 액티비티(래프팅, 암벽 등반, 사이클링, 하이킹, 수영, 노숙 등)를 얼마나 자신감 있게 해내는지를 보여준다. 이처럼 우리의 행동이 당장 자신에게 중요한 의미를 준다면 설령 그 일을 잘하지 못한다고 해도 효능감이 상승할 수 있다.

잘할 수 있다는 자신감과 좋은 결과를 낼 수 있다는 자신감을 구분해서 생각한다면 오늘날 우리나라 청년들이 처한 문제 상황을 좀 더 정확하게 이해할 수 있다. 청년들이 느끼는 심리적 어려움은 좋은 결과를 낼 수 있다는 자신감이 없기 때문이다. 요새 청년들은 어떤 일을 하고 어떤 인생 계획을 세워야 의미 있는 결과를 낼 수 있을지 찾아 헤매고 있다. 우리나라에 남아 있는 계층 간 이동 사다리에 어떤 것들이 있고, 자신에게 허락된 상승과 행복의 기회가 얼마나 되는지 알고자 하는 것이다.

청년들은 결코 자기가 잘할 수 있는 일이 없다고 생각하지 않는다. 노력을 기울이는 것도 싫어하지 않고, 어려워하는 것은 더더욱 아니다. 우리나라 기성세대가 잘 이해하지 못하는 점이 바로 이것이다. 청년들은 뭘 해야 하는지를 가르쳐달라고 하는데 기성세대는 그저 열심히 하고 나아가 인생을 바칠 각오로 하라고 말한다. 여기에 "뭐가 됐든"이란 말까지 붙인다면 양측 간에 더 이상 대화의 여지는 남아 있지 않게 된다.

어떤 일을 통해 의미 있는 결과를 낼 수 있다는 느낌은 이토록이나 중요하다. 그리고 적시적이고 가시적인 피드백 없이는 의미 있는 결과를 낼 수 있다는 느낌을 받기가 어렵다. 친환경 행동의 효능감을 증진하려면 친환경 행동의 결과가 절대로 멀게 느껴져서는 안 된다는 뜻이다.

2019년 스파크먼을 비롯한 연구자들은 사람들이 자국의 환경 정책을 가깝게 느끼는 것이 해당 정책에 대한 지지로 연결되는지 살펴봤다. 이때 '가깝다'라는 개념은 시간적일 수도 있고 공간적일 수도 있다. 시간적 거리와 공간적 거리를 모두 고려한다면 하나의 환경 정책은 다음의 네 가지 중 한 가지로 구분된다.

1. 먼 미래에 먼 나라에 이득이 되는 정책
2. 먼 미래에 내 나라에 이득이 되는 정책
3. 가까운 미래에 먼 나라에 이득이 되는 정책
4. 가까운 미래에 내 나라에 이득이 되는 정책

사람들에게 네 가지 정책에 대한 지지 여부를 물어보면 어떤 답이 나올까? 이 연구의 결과는 누구나 짐작할 수 있을 만큼 상식적이면서 동시에 중요한 의미를 담고 있다. 사람들은 시간적으로 먼 미래와 관련된 일일수록, 그리고 다른 나라를 돕는 일일수록 해당 정책을 지지하지 않았다. 또한 흥미롭게도 30~40년 후 자기 나라에 이득이 돌아오는 장기적인 정책들은 다른 나라에만 도움이 되는 정책만큼이나 지지율이 떨어졌다.

결국 친환경 정책은 확실한 실체가 있고 가까운 시일 내에 가시적 효과를 보여야 하며 자국민에게 직접적인 이익이 있어야 한다는 결론을 내릴 수 있다. 연구자들은 구체적으로 향후 10년 안에 자국에 영향을 미치는 정책이어야 사람들의 지지를 얻을 수 있다고 말한다. 이와 같은 결과를 부정적으로 바라보면, 사람이 근시안적이고 이기적인 존재라서 곧바로 효과가 나타나고 자기 나라에 이득이 되는 정책만 지지한다고 해석할 수도 있다. 하지만 무엇보다 이는 앞서 살펴본 효능감의 조건, 즉 적시적 피드백의 중요성을 확인해주는 결과라고 할 수 있다.

내가 하는 일이 북극곰의 생존에 영향을 미친다는 사실을 안다고 해도 효능감은 크게 증가하지 않는다. 그 대신 우리나라의 멸종 위기종 보호에 도움이 된다면 좋고, 당장 우리 동네 뒷산에 새들이 늘어나는 결과를 낳는다면 더욱 좋다. 스파크먼 등의 연구에서 사람들이 어떤 정책을 지지하는지 대답한 것도 이와 같이 해석할 수 있다. 정책을 지지한다는 것은 국가가 정책을 시행할 수 있도록 세금을 내고, 정책에 따라 내 행동을 바꾸고, 그 과정에서 불편을 겪는다고 해도 감수할 의향이 있다는 뜻이다. 이와 같은 마음은 당연히 우리의 효능감을 필요로 하고, 가까운 곳에서 우리의 효능감과 열정과 끈기를 지탱해줄 긍정적인 결과들을 필요로 한다.

이런 사실은 우리가 환경주의와 관련해 잘 알려진 한 가지 현상에 주목하게 한다. 자녀를 낳고서 환경주의자가 되는 사람들이 많다는 사실이다.

앞서 설명했듯이 파리기후변화협약이 내포하는 기후변화의 '결과'가 나타나는 것은 2100년의 일이다. 그만큼 기후변화는 긴 시간에 걸쳐 나타나는 현상이다. 우리가 기후변화를 저지하기 위해 기울이는 노력도 즉각적인 결과를 불러오기보다는 오랜 시간에 걸쳐 효과를 나타낸다. 기온 상승 폭을 1.5℃에 묶어둔다는 목표는 이처럼 장대한 시간의 흐름 끝에 수많은 이들의 노력이 축적되어야 달성할 수 있는 것이므로 그에 대한 효능감을 쉽게 증진하기 힘들다.

하지만 자녀가 있는 사람들은 2100년이라는 시점을 '내가 이미 죽고 없는' 먼 미래로 여기는 게 아니라 '내 자식과 손주들이 행복을 누려야 하는 순간'으로 느끼게 된다. 인간의 모성과 부성 속에서 100년에 가까운 시간이 미래의 한 점으로 압축되는 것이다. 비록 친환경 행동을 통해 즉각적인 보상을 얻을 수는 없다고 해도 내 아이가 더 나은 세상에서 살아가리라는 성취감만은 100년을 앞당겨 맛볼 수 있는 셈이다.

자녀의 행복한 미래 외에도 우리의 친환경 행동이 가져올 가시적인 결과에는 여러 가지가 있다. 온실가스 배출을 줄이려는 우리의 행동은 파리기후변화협약 이행 성과 보고서에 또박또박 기입되어 세계의 본보기가 될 것이다. 폐기물 배출을 줄이려는 노력은 머지않아 우리의 땅과 공기를 깨끗하게 하고 서해, 남해, 동해의 수많은 바다 생명들에게 숨통을 틔워준다. 우리의 자연을 가꾸고 멸종 위기종을 보호하려는 노력은 당장 반달곰과

여우가 5,000만 한국인과 강산을 공유하는 아름다운 풍경을 만들 수 있다.

거창한 담론의 황당한 해결책

가깝게 느끼느냐 멀게 느끼느냐의 문제만큼 친환경 효능감에 큰 영향을 주는 요소가 한 가지 더 있다. 환경문제를 크게 뭉뚱그려 생각하느냐 아니면 실질적이고 구체적인 행동 분야로 나누어 생각하느냐의 문제다. 도움이 되는 방향은 구체적으로 다루는 쪽이다. 그와 반대로 환경문제를 '환경문제' 또는 '기후변화'와 같은 말로 대강 한데 뭉쳐 생각하는 일은 우리의 효능감을 증진하는 데 별다른 도움이 되지 않는다.

효능감은 손에 잡힐 듯한 구체적인 이슈에 대해 생겨나는 실용적인 자신감이지 크고 거창한 주제에 대해 갖는 막연한 긍정적 느낌이 아니다. 요리에 효능감을 갖거나 분리수거의 효능감을 높이는 일은 가능하지만 인생에 효능감을 가질 수는 없는 일이다. 기후변화와 같은 거창한 주제를 마주할 때도 마찬가지다. 주제가 거창해지면 거창해질수록 이게 정확히 우리의 어떤 행동과 관련이 있는지 알쏭달쏭해진다.

실제로 기후변화라는 압도적이고 거대한 주제가 사람들의 친환경 행동을 방해한다는 지적이 잇따르고 있다. 사람들은 기후변화라는 전 지구적 현상 앞에서 무력감을 느끼고 책임감을 상실한다. 현대의 환경문제를 기후변화라는 단어로 압축하면, 여러 나라의 위정자들이 정책의 큰 틀을 정하기에는 좋을지 몰라도 국민 한 사람 한 사람이 이 문제에 효능감을 느끼기는 힘들다.

또한 기후변화와 같은 압도적인 주제는 오늘날의 여러 중요한 환경문제를 사람들의 관심 밖으로 밀어내거나 경시하게 하는 부작용을 낳는다. 나아가 환경과 생태계를 생각하는 사람들이라면 마땅히 해야 할 일을 하지 못하게 하거나 마땅히 하지 않아야 할 일에 귀가 솔깃하게 하기도 한다.

이런 상황을 잘 드러내는 것이 최근 주목받고 있는 기후공학이다. 기후공학이란 다양한 방법을 동원해 기후를 인위적으로 조작하는 기술을 뜻한다. 과학기술계에서 가장 주목받는 기후공학 기술은 성층권 황산화물 살포 기술이다(영화 〈설국열차〉의 도입부에 이를 암시하는 장면이 등장한다. 비행기들이 뿌연 가스를 하늘에 살포하는 장면이다. 드라마 버전에서는 미사일을 이용하는 것으로 묘사된다). 공기 중에 황산이나 이산화황 같은 입자가 늘어나면 대기 반사율이 높아져서 지구의 온도가 내려간다. 황산화물 입자들이 작은 거울 역할을 해서 태양 복사에너지를 반사해 지구 바깥으로 쫓아내기 때문이다.

거대한 화산이 폭발해서 공기가 화산재로 뒤덮이면 기온이 뚝 떨어지는 것과 같은 이치다. 흔히 지옥불과 연관되곤 하는 유황은 마그마의 주요 성분으로 화산 폭발은 대기 중에 황산화물을 산포하는 과정이기도 하다. 대표적인 예로 1600년에 있었던 페루 우아이나푸티나의 초강력 폭발을 꼽을 수 있는데, 남미뿐만 아니라 유럽과 중국에까지 한파와 가뭄이 찾아와 약 3년간 농작물 생산에 커다란 타격을 받았다. 황산화물에 이런 끝내주는 냉각 효과가 있다니, 당장 온 세상에 살포해서 기후 위기를 벗어나야 하는 게 아닐까.

그렇다면 대기 중에 황산화물을 살포하는 일은 지구의 생태계와 인간의 삶에 어떤 영향을 미칠까? 누구도 정확한 결과를 예측하지 못할 정도로 다양한 부작용을 기대해볼 수 있다. 이런 식으로 생각해보자. 내연기관 자동차는 연료를 태워서 황산화물과 비슷한 효과를 내는 가스를 발생시킨다. 그러나 오늘날 생산되는 자동차에는 촉매를 이용해 이 가스를 대표적인 온실가스인 이산화탄소로 바꿔주는 촉매 변환기라는 장치가 달려 있다. 한마디로 '쿨링 가스'를 굳이 애써서 온실가스로 바꾸는 셈이다. 왜 이런 일을 하는 걸까?

답은 간단하다. 촉매 변환기를 거치지 않고 배출되는 쿨링 가스는 죄다 독성 가스이기 때문이다. 촉매 변환기로 처리하지 않은 시커먼 매연은 오존 스모그를 만들고 산성비를 내리게 하는 지독한 오염 물질이다. 기후공학에 쓰이는 황산화물도 자동차 매연 못지않은 대표적인 대기오염 물질이다. 식물을 말라 죽게 하고, 산성비를 내리게 하며, 건물을 부식시키고, 사람의 폐를 망가뜨린다. 그럼에도 성층권 황산화물 살포를 진지하게 고민하는 사람들이 생겨나는 것은 기후변화라는 압도적인 주제가 만들어내는 터널 시야 때문일 것이다.

성층권 황산화물 살포 외에 대표적인 기후공학 기술로 꼽히는 해양 비옥화도 마찬가지다. 해양 비옥화란 바다에 철 성분을 살포해 플랑크톤의 수를 급증시킨다는 계획이다. 식물성 플랑크톤이 급증하면 요 녀석들이 탄소를 활용해 광합성을 하므로 공기 중의 탄소가 줄어든다. 광합성으로 탄소를 흡수한 플랑크톤은 해양 생태계의 먹이사슬에 녹아들어 물고기 배 속으로 사라지거나 죽어서 바다 밑으로 침전되므로 흡수된 탄소가 쉽게 배출될 일도 없다.

하지만 우리는 해양 비옥화 계획이 얼마나 위험한 것인지 쉽게 알아차릴 수 있다. 해양 비옥화는 바꾸어 말하면 인위적으로 녹조를 만들어내는 계획이다. 사실 녹조는 기후변화 저지에 커다란 도움이 되는 현상이다. 그게 물고기를 떼죽음으로 몰아넣어서 문제일 뿐이다.

기후변화라는 거대한 주제에 함몰된 채로는 "코로나는 왜 퇴치하려는 거야. 환경 개선에 도움이 된다는데", "어쩌자고 계속 사람 수명을 늘리려고 하는 거야. 병에 걸리면 자연스럽게 죽어야 기후변화를 늦출 수 있어", "유기견 보호는 왜 한대? 그냥 안락사시키는 게 기후에 이롭잖아"와 같은 말을 들어도 뭐가 잘못된 것인지를 알기 어려울 수 있다.

"아프리카 나라들이 산업화를 하고 인구가 늘어난다는데 이거 기후에 안 좋은 거 아냐?"라는 말에 대해서는 어떤 생각이 드는지? 세계 곳곳에는 기후변화보다 우선적으로 해결해야 할 과제를 안고 있는 사람들이 있다. 오랜 기간 식민 지배와 민족 갈등, 극심한 가난에 시달리다가 이제 가까스로 그 터널에서 벗어나려는 아프리카 나라 사람들의 경우가 특히 그렇다. 선진국 국민들이 당연한 듯 누리고 있는 역사적 발전의 결과를 따라잡기 위해 노력하고 있는 이들 앞에 기후변화의 책임을 들이밀며 감당할 수 없는 부담을 지울 수는 없다.

기후변화라는 거대 블랙홀은 환경운동가들에게도 일격을 날렸다. 원자력 발전 문제가 그것이다. 환경운동가들은 전통적으로 원자력 발전의 치명적인 환경오염 가능성을 일깨우고 방사능 물질 관리를 감시하는 등의 역할을 해왔다. 하지만 환경운동 진영이 기후변화를 강조하기 시작하면서 원자력 발전에 대한 운동가들의 태도가 많은 사람을 혼란에 빠뜨리고 있다.

원자력 발전은 탄소 배출이 0인 발전 방식이다. 현실적으로 세계가 원자력 발전의 도움 없이 파리기후변화협약 목표를 달성하는 일은 불가능하다. 단적인 사례로 우리나라보다 인구가 많고 GDP가 50퍼센트가량 높은 프랑스는 원자력 발전이 전체 전력 생산의 80퍼센트 가까이를 차지하는 덕분에 탄소 배출이 우리나라의 절반 수준에 머물고 있다. 최근 유럽연합이 원자력을 '그린 에너지'에 포함한 것도 이 때문이다.

그렇기에 우리는 환경운동가들이 원자력 발전의 환경 비용과 사회적 비용에 대해 아무리 열변을 토해도 이들을 고운 눈으로 바라볼 수가 없다. 현대 문명이 기후변화로 무너질 것이라고 예언하는 사람들이 원자력을 반대한다는 것은 어떻게 뜯어봐도 정신의 분열로밖에 보이지 않는다. 오늘날 우리나라뿐만 아니라 세계 여러 나라에서 벌어지고 있는 주객전도의 원전-탈원전 논쟁은 우리가 기후변화라는 거대 주제에 함몰되어 있기에 발생하는 일이다.

이와 같은 문제들이 있음에도 오늘날의 환경문제를 모조리 기후변화라는 단어로 함축해 표현하는 데에는 크게 두 가지 이유가 있다. 첫째로 기후변화 개념은 국제적 행동 기조를 설정하거나 각국의 에너지 정책 기조 등을 설정하기에 적합한 광범위한 개념이다. 국제풍력발전협약, 국제플라스틱재활용협약 같은 것들을 잔뜩 도출하느니 커다란 틀 안에 여러 의제를 묶을 수 있는 기후협약을 맺는 편이 현실성과 상징성 모두에서 이득이 있다.

두 번째는 기후변화라는 커다란 주제가 국제협약을 끌어내기에 유리할 뿐만 아니라 정쟁을 이끌기에도 적합하다는 점이다. 이는 결코 바람직하다고 볼 수 없다. 각 정파가 플라스틱을 재활용할 것이냐 말 것이냐를 놓고 격론을 벌인다는 것은 생각하기 힘든 일이다. 그러나 여러 의제를 아울러 강력한 정책 흐름으로 묶어나갈 수 있는 기후변화라는 주제는 치열한 정쟁의 재료로 삼기에 적합하다. 워낙 묵직한 주제다 보니 구체적인 과학적 증거나 현상을 들여다보면 양측 모두가 자기 입장을 강화하고 상대를 멍청이로 깎아내릴 수 있는 자료를 한가득 찾을 수 있다.

최근 들어 기후변화를 다루는 책의 제목들이 훨씬 자극적으로 변하고 있는 것도 이런 요인이 작용한 결과다. 《Apocalypse Never》(《지구를 위한다는 착각》의 원서 제목. 직역하면 '기후 종말은 개뿔' 정도 되겠다)나 《2050 거주불능 지구》, 《False Alarm》(《쿨 잇》의 저자인 비외른 롬보르의 최신작. '잘못된 경고'라는 뜻이다)과 같은 제목들은 과학적이거나 철학적이기보다는 정치적이고 선정적이다.

수 치 심 의
늪 에
빠 져 들 지
않 도 록

7

공포와 혐오를 능가하는 죄책감

희망과 효능감은 친환경 행동의 토양이자 거름이고 단비이며 볕이다. 또한 희망과 효능감은 오늘날 어지러이 오가는 환경 관련 논의와 메시지를 지구 환경에 도움이 되는 쪽으로 소화하게 해주는 무기이기도 하다. 특히 친환경 행동을 유도하는 데 강한 효과를 보이는 죄책감 메시지에 대해 그런 효력을 발휘한다. 죄책감 메시지는 강력하지만, 오직 우리의 효능감이 뒷받침됐을 때만 의도한 효과를 달성할 수 있다.

죄책감 메시지의 중요성을 알아보기 위해 잠시 현대 정서 커뮤니케이션의 흐름을 짚어보자. 오늘날의 커뮤니케이션 전문가들은 효과가 모호하고 반감을 불러일으키기 쉬운 공포 메시지를 거의 사용하지 않는다. 사실 우리나라 담뱃갑 경고 문구에서도 실질적인 효과를 보이는 부분은 '폐암 위험, 최대 26배!'라는 메시지가 아니라 그 밑에 인쇄되어 있는 썩어 문드러진 폐 사진이다. 썩은 폐 사진은 공포감보다는 혐오감을 더 강하게 불러일으키는 이미지다. 담배나 술처럼 입에 들락날락하는 것들을 멀리하게 하는 데에는 혐오감이 제격이다.

혐오 이미지의 사례에서 보듯이 사람의 주의를 사로잡고 행동에 강력한 영향력을 미치는 정서는 공포 말고도 여러 가지가 있다. 혐오는 뭔가를 멀리하게 하는 데 때로 공포보다 강한 힘을 발휘한다. 하지만 혐오 메시지나 이미지는 워낙 강한 부정적 정서를 불러일으키기 때문에 함부로 쓰기가 힘들다. 사람들은 혐오 메시지에 담긴 의도대로 경각심을 품고 분노하기보다 혐오 메시지나 이미지 자체에 분노하고 이런 것을 눈앞에 들이민 사람에게 화를 낸다. "나한테 이런 징그러운 걸 보여준 게 누구야?"

또한 혐오는 생존을 위한 식성이나 심지어 기호식품에 대한 선호를 바꿀 정도로 강력한 행동 변화를 일으키지 못한다. 짐승은 먹을 것 앞에서 그 생김새를 따지거나 그게 자기 입에 들어오게 된 과정을 따지지 않는다. 먹을 수 있는 것이 눈앞에 있는데 혐오감 때문에 못 먹게 되는 일이 반복된다면 생존에 어려움을 겪게 될 테니 말이다. 사람도 마찬가지다. 자기가 먹고 마시고 소비하는 품목의 이면에 어떤 혐오스러운 과정이 섞여 있음을 알게 된다고 해도 식성이나 습성을 바꾸지 못하는 경우가 많다.

한 예로 영국의 유명 셰프인 제이미 올리버가 출연한 영상을 살펴보자. 아이들 앞에서 닭 요리를 하던 제이미 올리버는 가공육이 어떻게 만들어지는지 가르쳐주겠다며 닭의 뼈, 껍질, 연골, 골수 등을 믹서에 넣고 갈아 반죽하고 튀겨 너겟을 만들었다. 아이들은 오만상을 찌푸리며 셰프가 요리하는 모습을 지켜봤다.

그러나 정작 올리버가 "아직도 이거 먹고 싶은 사람?" 하고 물었을 때 아이들은 하나둘씩, 결국 한 명을 제외하고 모두 손을 들었다. 가공육에 대한 반감을 기대했던 올리버는 허탈한 표정으로 아이들을 바라봤다. 정서적 메시지의 효과를 맹신하고 기본 정서 수준에서는 인간 또한 짐승이라는 사실을 간과했던 것이다. 이 사례를 곱씹어본다면 닭, 소, 돼지, 개를 도살하는 모습을 보고서도 채식주의자가 되지 않는 이유를 이해할 수 있다.

그렇다면 공포나 혐오와 같은 원초적 정서가 아니라 인간만이 지닌 정서에 호소해보는 것은 어떨까? 동물적 감각만으로는 설명할 수 없는, 우리의 고차원적인 인지 과정이 개입해야만 품을 수 있는 감정들에 호소한다면 의미 있는 변화를 가져올 수 있지 않을까?

사람들은 담배가 자기 몸에 얼마나 위험하고 해로운지 안다고 해도 담배를 잘 끊지 못한다. 담배를 꺼낼 때마다 담뱃갑에 인쇄된 썩은 폐와 간의 이미지를 봐야 한다고 해도 마찬가지다. 하지만 흡연자들에게 커다란 반응을 불러일으키는 메시지가 있다. '담배는 당신의 가족에게 해롭습니다'라는 메시지다. 이는 오직 인간만이 가질 수 있는 고차원적 정서인 죄책감에 호소하는 메시지다.

공포나 혐오 메시지와 같은 듯 다른 죄책감 메시지는 사람을 사람으로 만들고 문명을 이루도록 도와준 우리의 심리적 특성에 호소하는 메시지다. 인간은 사회적 존재이고, 나아가 다른 사람의 눈으로 자신을 평가할 줄 안다. 이를 관점 수용 능력이라고 하는데, 쉽게 말해 다른 사람의 눈으로 나를 바라볼 줄 안다는 뜻이다. 관점 수용 능력은 타인을 이해하고 자신을 타인에게 이해시키며 공동체와 사회를 만들어가는 데 커다란 도움이 된다. 죄책감은 타인의 시선으로 내 행동을 평가했을 때 생겨나는 감정이다. 남의 눈으로 내 행동을 평가한 결과가 긍정적이면 자부심을 느끼고 부정적이면 죄책감을 느낀다. 죄책감은 '나쁜 기분' 가운데 하나지만 인간의 고도 지성과 사회성을 드러내는 감정이자 개인의 발전을 촉진하는 정서다.

관점 수용 능력

다른 사람의 관점을 취할 수 있는 능력을 말한다. 인간을 다른 동물과 구분해주는 가장 고차원적인 정신 능력 가운데 하나다. 어린아이들은 관점 수용 능력을 보여주지 못한다는 점 또한 이것이 얼마나 고도의 능력인지 알게 해준다. 아이들은 다른 사람도 자기가 보는 것을 보며 자기와 같은 감정을 느낀다고 생각한다. 한편 다 자라 어른이 되어서도 남의 입장을 헤아리지 못하고 자기중심으로 생각하는 사람들이 많다는 점도 관점 수용 능력의 고귀함을 드러낸다.

죄책감 메시지는 주로 기부를 유도하는 글이나 광고를 통해 접할 수 있다. 기아에 처해 죽어가거나 질병으로 괴로워하는 아

이들의 모습을 보여주는 광고는 "이런 상황에서 당신은 밥이 넘어갑니까? 당장 기부하세요"라는 죄책감 메시지를 담고 있다.

　죄책감 메시지를 잘 써먹는 사람들로 환경운동가들을 빼놓을 수 없다. 공포 메시지와 달리 죄책감 메시지는 기후변화 문제에 집중하는 이들뿐만 아니라 멸종 위기종 보호와 생물 다양성 보존, 해양 환경 보존 등 다양한 환경문제에 관심을 가진 사람들이 두루 활용하고 있다. 해양 환경에 주목하는 사람들은 우리가 쓰고 버리는 플라스틱 쓰레기가 얼마나 많은 거북이의 목을 조르는지 이야기하고 우리가 얼마나 많은 물고기를 먹어 치우는지 보여주려 한다. 멸종 위기종에 주목하는 사람들은 우리가 먹는 과자를 만들기 위해 수마트라의 오랑우탄 서식지가 모조리 팜유 농장으로 변하고 있다고 성토한다.

　이 모든 이야기는 우리에게 강렬한 반향을 불러일으키고 사람의 행동을 변화시킬 만한 것들이다. 그렇다면 죄책감에 호소하는 마케팅과 사회운동은 정말로 사람의 행동을 변화시키고 친환경 행동을 끌어낼 수 있을까?

　죄책감 메시지에 의존하는 수많은 커뮤니케이터들의 희망과는 달리 죄책감에 호소하는 전략 역시 소기의 성과를 거두지 못하고 비틀거리는 경우가 많다. 죄책감 메시지가 의도한 행동 변화가 나타나는 대신 사람들이 변명을 일삼고 서로 손가락질을 하게 되기 때문이다. 죄책감 메시지가 효과를 보이는 경우는 우리의 효능감과 결합됐을 때뿐이다.

죄책감 메시지의 성패는
효능감이 결정한다

죄책감 메시지를 전달하는 건 사람들이 사안에 대해 얼마만큼의 효능감을 느끼느냐에 따라 효과가 극명하게 갈리는 커뮤니케이션 방법이다. 동물 복지라든가 기후변화 등에 대해 내가 신경 쓰기에는 너무 큰 문제라거나, 내가 할 수 있는 일이 없다거나, 내가 뭔가를 하건 말건 결과는 달라지지 않는다고 느낀다면 어떻게 될까? 이때 죄책감 메시지는 우리의 죄책감을 촉발하는 것이 아니라 그와는 완전히 다른 효과를 내는 또 다른 정서를 촉발한다.

그 정서는 바로 수치심이다. 죄책감과 수치심은 혼용되는 경우가 많아서 엇비슷해 보이지만, 사실은 다음과 같이 명확히 구분할 수 있다.

죄책감: "아이고. 내가 잘못했네."
수치심: "아이고. 내가 잘못됐네."

죄책감은 자아에 대한 감정이 아니라 행동에 대한 감정이고, 반대로 수치심은 행동에 대한 감정이 아니라 자아에 대한 감정이다. 죄책감은 뭔가 잘못한 일이 있을 때 느끼는 감정이다. 수치심도 죄책감과 마찬가지로 잘못한 일 때문에 일어날 수 있으나 그 흐름이 죄책감과는 완전히 다르다. 죄책감은 효능감과 관련된 감정인 반면에 수치심은 바꾸는 게 불가능한 것처럼 여겨지는 자신의 부정적인 내적 특성에 대한 부끄러움이 표출된 감정이다. 죄책감 메시지는 우리가 뭔가를 잘못하고 있다거나 우리가 어떤 일에 책임을 가지고 있다는 내용으로 이루어진다. 우리나라 사람들이 1인당 탄소 배출량에서 세계 최고 수준이라는 이야기, 우리나라의 삼림이 매년 줄어들고 있다는 이야기 등이다.

이런 사안에 대해 우리가 어떤 행동을 할 수 있는지, 그 행동이 얼마나 효과가 있을지 확신을 갖지 못하면 우리는 무력감과 패배주의를 느끼게 된다. 이는 곧 '나는 왜 이렇게 생겨먹었을까?' 또는 '나는 왜 이렇게 못났을까?'라는 수치심으로 이어진다. 서예를 아무리 연습해도 글씨가 아름다워지지 않는 사람, 아무리 애써도 식재료의 맛을 구분하지 못하는 사람에게 죄책감을 느끼게 한답시고 잘못한 점을 지적하면 지적받은 사람은 문제를 고쳐나가려 하기보다 '나는 왜 이렇게 생겨먹었을까?'라는 수치심을 느끼게 된다.

사람이 죄책감을 느끼면, 즉 내가 잘못된 게 아니라 내가 한 어떤 행동이 잘못된 것이라고 여기면 이 행동을 수정하려는 적극적인 노력을 기울일 수 있다. 하지만 사람이 수치심을 느끼면,

그러니까 내가 한 행동이 문제가 아니라 못난 나 자신이 문제라고 생각하면 행동 습관을 바꾸려는 노력을 하지 않고 변명을 하게 된다.

심리학자들은 두 정서의 이런 차이를 가리켜 죄책감은 문제 초점적인 반응을 불러일으키는 정서이고, 수치심은 정서 초점적인 반응을 불러일으키는 정서라고 정의한다. 죄책감은 변화와 행동을 초래하고 수치심은 변명이나 체면 차리기, 회피, 하향 비교를 통한 정서 조절을 초래한다는 뜻이다.

죄책감 메시지가 성과를 거두려면 우리 스스로 하는 일에 자신감을 가져야 하며, 변화를 확신하고 우리의 기여가 의미를 갖는다고 느껴야 한다. 그렇지 않으면 죄책감 메시지에 노출됐을 때 죄책감이 아니라 수치심을 느껴 변명을 일삼는다.

수치심을 느낄 때 하는 수치스러운 일들

효능감을 느끼지 못하는 상태에서 죄책감 메시지를 접했을 때 우리는 어떤 식의 변명을 하게 될까? 사람이 수치심을 느꼈을 때 나타나는 대표적인 심리 현상은 체면 차리기와 하향 비교다. 스스로 바꿀 자신이 없는 부분을 지적받아 자아가 손상되면("넌 어떻게 기름 한 방울 안 나는 나라에서 차를 두 대나 굴리니?"), 상대적으로 잘하고 있는 일을 부각해 체면을 차리려 한다("나 사실 재활용 잘하는 사람이야!"). 그리고 자기보다 더 못난 이들을 손가락질하며 "저기 세 대 굴리는 사람더러 잘하라고 해. 왜 나보고 그래!"라며 하향 비교를 통해 손상된 자아를 추스르려 한다.

하향 비교

자기보다 열등하다고 생각되는 대상과 자기 자신을 비교함으로써 자존감을 보호하는 전략이다. 과거 박근혜 정권 시절에 종편 채널들에서 북한 관련 프로그램을 대규모로 편성한 일이 있는데, 다분히 "뭐가 불만이야. 북한을 봐"라는 의도가 담긴 미디어 전략이었다. 어디 비교할 데가 없어서 북한을 끌어오느 냐는 생각이 들 수도 있겠지만, 이런 식으로 어떻게든 대상을 찾아내는 것이야말로 하향 비교의 특성이다.

체면 차리기와 하향 비교는 적극적인 행동 변화를 낳는 심 리적 전략이 아니라 조언을 뿌리치고 설득에 저항하며 요지부동 으로 자아를 수호하는 전략이다. 친환경 행동을 계발하는 데 도 움이 되는 행동 양식은 한 가지를 하면 두 가지를 더 하고, 항상 나보다 잘하는 사람을 바라보며 그 사람을 쫓아가는 것이지 뒤 처진 사람들을 손가락질하며 깔보는 것이 아니다.

각종 환경문제와 관련해 수치심을 느낄 때, 우리는 너무나도 다양한 측면에서 어떻게든 하향 비교 대상을 찾아낼 수 있다. 오 늘날의 환경문제는 대부분 엄청난 규모의 인간 활동 때문에 발 생한 것들이다. 고개만 돌리면 세상 어디서든 나보다 뭔가를 못 하고 있는 사람을 찾아낼 수 있고, 그들의 부족한 측면을 손가락 질함으로써 자신의 자아를 보호할 수 있다.

하향 비교를 일삼다 보면 효능감이 크게 손상된다는 것도 문제다. 바로 '무임승차자 효과'다. 공동의 목표에 별다른 관심과 노력을 보이지 않다가 결실만 빨아먹으려는 이들을 무임승차자 라고 부른다. 우리가 공동의 목표를 향해 열심히 노력하고 있는 데 어디선가 놀고먹고 있는 무임승차자를 발견하면 우리는 목표 에 매진할 힘을 잃어버리게 된다. '저치는 저렇게 거저먹고 있는

데 누구 좋으라고 나만 애쓰나' 싶어 자괴감이 몰려온다. 이처럼 무임승차자의 존재 때문에 다른 이들의 동기 수준이 저하되는 현상을 무임승차자 효과라고 부른다.

무임승차자의 사회적 태만이 용인할 수 있는 수준일 경우에는 그나마 효과가 덜하다. 그러니까 여섯 명이서 조별 과제를 하는데 무임승차자가 한 명 있더라도, 나머지 다섯이 열심히 하면 어떻게든 되는 상황일 때는 조원들의 의지가 덜 꺾일 수 있다. 하지만 몸집 거대한 놈들이 무임승차를 하려고 들면 밀려오는 짜증을 억누르기가 어렵다. 출입국 심사대 앞에 줄 서서 순서를 기다리는데 한 명이 새치기하는 정도라면 그래도 참아보겠지만 대가족 수십 명이 내 앞으로 끼어들거나 패키지 한 무리가 끼어들려고 하면 더 이상 제정신으로 줄을 설 마음이 들지 않는 것과 같은 이치다.

환경문제에서 오늘날 세계에는 사람들의 이목을 잡아끄는 몸집 큰 무임승차자 후보가 둘 존재한다. 미국과 중국이다. GDP 기준으로 세계 최대 규모의 경제를 이루고 있는 미국과 그 바로 다음인 중국, 이 두 나라의 경제 규모는 세계 경제의 40퍼센트를 차지하고 온실가스 배출량 또한 세계 배출량의 40퍼센트 이상을 차지한다.

우리나라는 GDP로 보나 온실가스 배출 지분으로 보나 세계에서 열 손가락 안에 꼽힐 만큼 경제활동이 활발한 나라지만, 지분의 양은 각각 2퍼센트 정도에 불과하다. 한반도 반쪽을 차지한 작은 나라에 불과한 우리가 호주, 러시아, 캐나다와 같은 수준의 경제활동과 탄소 배출을 하고 있으니 분명 대단한 수치이기는 하지만 미국과 중국에 비할 바는 아닌 셈이다.

더욱이 미디어에 비친 미국과 중국은 종종 지구 환경 보호에 관심이 없거나 역행하는 것처럼 보인다. 세계 경제와 기후변화 책임에서 40퍼센트의 지분을 가진 두 나라가 파리기후변화협약에서 탈퇴하기도 하고 석탄 발전소를 늘리기도 한다.

두 나라의 식문화를 살펴보면 많이 남기는 한이 있더라도 상다리가 휘어질 만큼 차려서 배부르게 먹는 걸 좋아한다는 공통점이 있다. '통 크게' 소비하고 '대륙적인' 스케일을 가졌다는 점도 비슷하다. 쓰레기 분리수거도 잘 하지 않는다. 몇몇 몰지각한 미국인은 전 세계를 다니며 설표와 호랑이, 사자 등 멸종 위기종을 사냥해 SNS에 자랑스럽게 사진을 올리고, 몇몇 몰지각한 중국인은 천산갑 등의 멸종 위기종을 보양식으로 먹고 상아세공품을 밀매한다. 가히 상시 활용 가능한 환경주의적 하향 비교 대상들이라고 할 수 있다.

이처럼 환경에 가장 큰 영향을 미치는 두 나라가 때때로 몰지각한 모습을 보이기 때문에 우리는 언제나 이들을 손가락질하며 자아를 보호할 수 있다. 재활용을 하지 않는 사람에게 죄책감 커뮤니케이션을 시도한다고 생각해보자. 만약 이 사람이 플라스틱 쓰레기 문제나 자원 재활용 문제에 관해 효능감을 느끼지 못하는 상태에서 죄책감 메시지를 접하고 자아를 공격당하는 느낌을 받았다면(즉 수치심을 느꼈다면) 어떻게 될까? 이 사람은 앞으로 재활용을 잘하는 방향으로 생활 습관을 수정하는 대신에 "아니,

미국이랑 중국이 재활용을 안 하는데 이걸 왜 나한테 말하는 거예요. 외교로 해결하세요"라고 받아칠 가능성이 크다.

손가락질의 연쇄를 끊어야 할 때

현대의 환경문제와 관련해서는 미국과 중국뿐만 아니라 세계 모든 나라 사람들의 모든 활동이 손가락질의 대상이 될 수 있다. 에코백을 쓰는 사람들은 마트에서 비닐봉지를 받아 드는 사람들을 손가락질할 수 있다. 마트에서 주는 비닐봉지를 쓰는 사람들은 자기들이 비닐 재활용을 잘하고 있으므로 오히려 많은 자원이 투입되는 에코백을 들고 다니는 사람들이 환경에 더 악영향을 끼친다고 손가락질할 수 있다.

육식을 싫어하는 사람들은 고기 먹는 사람들이 동물 복지와 야생동물 서식지 보호와 지구온난화 저지에 가장 방해되는 족속들이라고 손가락질할 수 있다. 고기 먹는 사람들은 논에서 메테인이 얼마나 많이 발생하는지, 대규모 곡물 재배가 얼마나 많은 땅을 필요로 하며 생물 다양성을 훼손하는지 아느냐고 손가락질할 수 있다.

풍력과 태양력을 지지하는 사람들은 원자력 발전을 지지하는 사람들을 보면서 그토록 위험한 물건을 도대체 왜 끼고 살자는 거냐며 손가락질한다. 원자력 발전을 지지하는 사람들은 풍력 터빈이 새와 박쥐를 얼마나 많이 죽이는지, 태양광 발전을 위해 얼마나 많은 땅을 희생해야 하는지를 지적하며 반대편을 손가락질한다.

이처럼 서로를 손가락질하는 행위는 무익할 뿐만 아니라 친환경 생활 습관을 만들려는 노력을 중단시키는 일이다. 사람의 마음을 헤아리지 않는 무책임한 죄책감 메시지는 우리의 변화 의지를 꺾어 멈춰 서게 할 뿐만 아니라 외부의 설득에도 저항하게 한다.

친환경 생활 습관을 만들어나가는 적극적인 노력은 우리가 뭘 잘하고 뭘 못하고 있는지를 다른 이들과 비교해서 판단하는 것과는 아무 관련이 없다. 친환경 생활 습관을 갖고자 노력하는 일은 그저 현재의 내 습관에 긍정적인 변화를 주는 것이다. 할 수 있는 한 더 선한 방향으로 한 발자국 나아가는 것이고, 다른 사람들을 자연스럽게 그 길로 끌어들이는 것이다.

그러나 효능감이라는 핵심 요인을 무시한 채 무작정 사람의 죄책감을 자극한다면 상대방은 수치심을 느끼게 된다. 수치심을 느낀 사람은 변명을 하기 위해 다른 사람을 손가락질한다. 이렇게 손가락질 받은 사람들 역시 수치심을 느껴 다른 사람들을 손가락질하므로 결국 끝없는 손가락질의 연쇄가 발생한다.

다른 사람들이 넷플릭스를 보느라, 컴퓨터 게임을 하느라, 비트코인에 투자하느라, 유튜브나 인스타그램을 하느라 막대한 에너지를 소비한다며 손가락질하는 일은 많은 이들의 환경친화적인 노력을 좌절시킬 것이다. 보관할 필요도 없는 메일을 지우지 않아서, 쓸데없이 여행을 다녀서, 개를 키워서, 라면을 먹어서, 배달 음식을 시켜 먹어서, 목공을 해서, 유리공예를 해서, 새 핸드폰을 사서 환경을 망쳤다며 욕하는 일도 마찬가지다.

죄책감 메시지의 실패를 피하게 해줄 뿐만 아니라 이를 친환경 행동 습관 개발로 이어지게 하는 요소는 바로 우리가 가진 효능감이다. 내가 할 수 있는 일이 있다는 생각, 한 사람 한 사람 소비자의 변화가 가장 중요하다는 자각, 나의 행동 습관 변화가 의미 있는 결과를 낳으리라는 기대가 우리를 수치심의 늪에서 구해내 친환경 행동을 향해 날아오르게 한다.

안타깝게도 일부 환경운동가가 발신하는 죄책감 메시지에는 우리가 도저히 효능감을 유지할 수 없게 하는 내용, 그리하여 죄책감 메시지를 수치심 메시지로 받아들일 수밖에 없게 하는 한 가지 내용이 섞여 있다. 바로 "우리는 지금까지 이룬 게 없습니다"라는 선언이다. 우리는 아무것도 하지 못했다, 행동으로 옮기지 못했다, 너무 늦었다, 무책임했다, 게을렀다와 같은 메시지들. 숲과 멸종 위기종을 지켜내고, 쓰레기 처리 시스템을 갖추어 법으로 의무화하고, 태양 전지와 풍력 기술을 발전시키고, LED와 전기차를 개발하고, 농업과 목축업과 제조업의 환경 효율을 개선하고, 평화를 유지하고 경제를 발전시켜 세계 각지의 출산율을 큰 폭으로 낮췄는데도 한 게 없다고 말한다면 우리는 "그럼 네가 알아서 해"라는 말밖에 할 얘기가 없다.

지구 환경의 미래를 위해 우리에게는 아직 할 일이 많다. 그러니 이런저런 부분이 아직 부족하다는 이야기를 하는 것도 그럴 만하다. 다만, 부족한 부분을 지적할 때는 듣는 사람이 무망감과 수치심을 느끼지 않도록 구체적이고 실현 가능한 목표를 함께 제시하자. 그리고 지적을 받아들일 때는 효능감을 바탕으로 이를 다디단 질책으로 삼자.

요즘 다이어트에 신경 쓰는 사람들을 위한 길티 프리 야식이 유행한다고 한다. 다이어트에서나 친환경 행동에서나 우리는 죄책감에서 완전히 벗어날 수 없다. 효능감을 가지고 죄책감을 근본적인 문제 해결 행동으로 바꿔내는 일, 이것이 더 나은 미래로 가는 유일한 선택지이자 지구를 위한 위대한 여정의 시발점이다.

아름다운
지구를
공유하는
일

8

자신을 대변할 수 없는 존재들을
대변한다는 것

효능감에 바탕해 죄책감을 단호한 행동으로 연결한 대표적인 경우가 앞서 살펴본 DDT 사용 금지와 CFC 사용 금지 사례다. 두 경우 모두 "우리가 농약으로 매와 독수리를 몰살시키고 있어요"라든가 "우리가 에어컨을 틀면 오존층에 구멍이 나요" 같은 죄책감 메시지로 촉발됐다. 그러나 우리가 명확한 행동 목표, 당장 우리의 삶과 환경에 영향을 주는 가시적 결과를 추구하며 행동에 나섬으로써 상대적으로 빠른 시일 안에 문제를 해결할 수 있었다. 《침묵의 봄》 출간 이후 미국 정부가 DDT를 금지하기까지 10년이 걸렸고, CFC 문제가 지적된 뒤 '오존층을 파괴시키는 물질에 대한 몬트리올 의정서'가 체결되기까지는 고작 13년밖에 걸리지 않았다.

우리가 효능감을 바탕으로 생태계의 문제를 해결한 사례는 이 밖에도 여러 가지가 있다. DDT나 CFC 사용 금지처럼 거의 즉각적으로 전면적인 효과를 거둔 것은 아니지만, 차근차근

확실한 단계를 밟아가며 거대한 흐름을 이끈 멋진 선례들이다. 먼저 '멸종 위기에 처한 야생 동식물의 국제 거래에 관한 협약(CITES)'의 경우를 살펴보자.

우리나라의 상징 나무는 소나무이고 상징 꽃은 무궁화이며 상징 새는 까치다. 하나같이 친숙하고 우리나라 각지에서 활기찬 삶을 영위하는 종이다. 하지만 우리나라를 상징하는 동물이 주는 느낌은 조금 다르다. 백두산 호랑이 또는 시베리아 호랑이라고 불리는 거대한 고양잇과 최상위 포식자가 우리나라의 상징 동물이다. 누구나 공포에 떨게 할 정도로 위압감이 있으면서도 한번 보면 잊히지 않을 정도로 아름다운 동물이다. 원래는 휴전선 이남에도 살고 있었지만 이제는 우리나라를 상징하는 산인 백두산과 마찬가지로 저 북쪽으로 올라가야만 볼 수 있는 존재가 됐다.

지구상의 여러 동식물이 우리나라의 호랑이와 같은 처지에 놓인 근본 원인은 사실 기후변화의 근본 원인과 동일하다. 인간의 개체 수와 영역과 활동량이 증가했기 때문이다. 우리는 특히 야생 동식물 서식지를 개간해 우리가 살 땅, 사람이 필요로 하는 가축과 농작물을 키울 땅으로 삼았다. 이것이 수많은 멸종 위기종을 낳고 전 세계 동식물 개체 수를 줄이는 데 가장 큰 영향을 미친 요인인 서식지 파괴와 파편화다.

사람들은 자신과 가축의 안전에 위협이 되는 포식 동물들을 사냥하고, 작물에 위협이 되고 전염병을 퍼뜨리곤 하는 곤충과 조류와 설치류를 공격해 그 수를 줄였다. 식량을 얻기 위해 또는 상아와 모피와 기름과 같은 상품을 얻기 위해 우리는 동물을 사냥하고 식물을 착취한다. 우리가 여러 종을 멸종 위기에 빠뜨리는 두 번째 메커니즘이 바로 이 같은 사냥과 밀렵, 남획이다.

인간이 여러 가지 방법으로 생태계를 교란해 많은 동식물종의 삶을 위협한다는 사실도 빼놓을 수 없다. 외지에서 도입해 온 종들은 토종 생물들을 잡아먹고 서식지를 빼앗으며 토종들이 겪어본 적이 없는 질병을 퍼뜨려 이들을 위험에 빠뜨린다. 이것이 생태계 다양성 파괴의 세 번째 주범인 생태계 교란이다.

생태계를 위협하는 다섯 가지 요인

세계자연기금은 생태계를 위협하는 직접 요인을 1) 서식지 파괴와 파편화, 2) 남획, 3) 생태계 교란, 4) 환경오염, 5) 기후변화 등 다섯 가지로 구분한다. 각 요인의 비중은 지역별로 차이를 보이나 대략 서식지 파괴 요인이 50%, 남획이 25%, 생태계 교란이 12%를 차지하는 것으로 추정된다. 환경오염과 기후변화 요인의 비중은 각각 7%와 6% 정도다.

이와 같은 사실을 깨달은 사람들은 강렬한 죄책감을 품게 됐다. 우리는 우리 손으로 다른 종을 멸종시킨다는 생각에 강한 혐오감을 느낀다. 종 다양성을 훼손하는 행위는 원시적이고 야만적인 행동으로 여겨지거나 그와 정반대로 기술 문명 맹신, 고삐 풀린 자본주의, 근시안적인 인간 중심주의라고 비난받기도 한다.

사실상 다른 종들이 어떤 식으로든 우리에게 반격을 가할 수 없고 우리 앞을 가로막는 것은 우리 자신의 양심밖에 없는 상황에서 "내가 할 일은 자신을 대변할 수 없는 존재들을 대변하는 것이다"(뛰어난 심리학자이자 생태주의자인 제인 구달이 한 말이다)라고 외치는 사람들이 나타났다. 이런 사람들이 줄기차게 명확하고 가시적인 성과를 추구해온 덕분에 100억 인구를 향해 나아가고 있는 오늘날에도 우리는 한때 생이별할 뻔했던 여러 동식물과 이 아름다운 지구를 공유하고 있다.

멸종 위기종을 지키려는 노력

커크 윌리스 존슨의 《깃털 도둑》은 《침묵의 봄》과는 또 다른 새들의 이야기를 다룬 책이다. 《깃털 도둑》에는 과거에 모자 장식으로 동원되는 바람에 멸종 위기를 맞았던 새들이 등장한다. 극락조를 비롯해 아름다운 깃털을 자랑하던 새들은 19세기 말에서 20세기 초반에 걸쳐 세계 곳곳에서 절멸에 이를 정도로 사냥당했고, 그 깃털은 대부분 영국과 미국의 의류 회사에 납품됐다.

그 무렵 지구 곳곳에서 벌어지던 대학살 속에서 자신들의 행위에 부끄러움을 느끼는 사람들이 나타났다. 이들은 스스로 당장 할 수 있는 일을 찾아서 열렬히 수행함으로써 깃털 때문에 사냥당하는 새들을 지켜냈을 뿐만 아니라 세계적인 멸종 위기종 보호 운동을 촉발하는 역할도 했다.

《깃털 도둑》은 이 선구적인 인물들의 업적을 압축해 보여준다. 먼저 1875년에 미국의 메리 대처는 미국 최초의 패션 잡지라고 할 수 있는 〈하퍼〉에 '무고한 생명의 대학살'이라는 글을

열대 태평양에 서식하는 극락조에는 여러 종이 있으나 하나같이 천상에서 내려온 듯 아름다운 깃털을 가지고 있다.

기고했다. 그녀는 "마음 고운 여성들이 맹목적인 스타일에 눈이 멀지 않는다면 어떤 생명체에게도 불필요한 고통을 주지 않을 것"이라며 "새와 동물이 오로지 인간에게 유용함과 즐거움을 제공하기 위해 창조됐다고 생각한다면 기독교인으로서 부끄러운 일"이라고 주장했다. 조류 보호 운동은 이와 같은 강렬한 죄책감 메시지에서 시작됐다.

1889년 영국에서는 에밀리 윌리엄슨이 '깃털 연맹'을 만들었고 이는 곧 '왕립조류보호협회'로 발전했다. 협회는 여성으로만 구성됐고, 단 두 가지의 가깝고 구체적인 행동 목표를 가지고 있었다. 깃털을 착용하지 말 것. 다른 사람들도 그렇게 하도록 권유할 것.

1896년에는 미국의 해리엇 로런스 헤먼웨이가 주변 사람들에게 깃털을 착용하지 말라고 권하는 다과회를 열었는데, 회원이 900명 가까이 늘어나자 명칭을 '오듀본협회'로 바꾸었다. '오듀본협회'는 몇 년 지나지 않아 전국적으로 수만 명의 회원을 확보했다.

이처럼 죄책감을 외면하지 않고 구체적인 활동 목표와 전략으로 바꾸어낸 선구자들 덕에 1900년 미국에서는 각 주 간에 조류 거래를 금하는 '레이시 법'이 발효됐다. 의류 상인들은 화학회사들이 《침묵의 봄》에 반응했던 것처럼 온 힘을 다해 저항했다. 그러나 구체적인 행동 목표와 결부된 운동가들의 강렬한 죄책감 메시지는 상인들의 저항마저 넘어섰다. 1913년 미국 정부는 외국에서 깃털을 수입하는 것조차 금지했고 1918년에는 철새 사냥을 불법으로 규정했다. 영국에서도 1921년 깃털수입금지법이 통과됐다. 서식지 보호와 더불어 멸종 위기종 보호의 금과옥조를 이룬다고 할 수 있는 상업 거래 금지법이 탄생한 순간이었다.

거래를 막음으로써 멸종 위기종을 지키려는 노력은 곧 세계 최초의 동식물 거래 금지 국제협약인 '동식물의 자연 상태 보존에 관한 런던 협약'으로 이어졌다. 1933년에 체결된 이 조약은 국립공원 설치 등의 서식지 보호 수단 동원과 함께 멸종 위기종의 국제 무역을 막음으로써 각지의 동식물을 보호한다는 구체적인 목표와 방안을 갖추고 있었다. 벨기에, 프랑스, 이탈리아, 포르투갈, 남아프리카연방, 스페인, 수단, 영국이 협약에 서명했고 42종의 멸종 위기 동물이 보존 대상으로 명시됐다. 멸종 위기 동물에 대한 첫 국제 합동 단속법이었던 이 협약은 1973년의 '멸종 위기에 처한 야생 동식물의 국제 거래에 관한 협약', 즉 CITES로 이어졌다.

'워싱턴 협약'으로도 불리는 CITES는 2016년에 가입한 타지키스탄과 통가까지 전 세계 183개국이 가입한 국제협약이다. 우리나라는 1993년에 가입했다. CITES가 보호하는 종은 3만 5,000종이 넘는다.

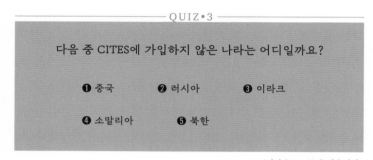

— QUIZ•3 —

다음 중 CITES에 가입하지 않은 나라는 어디일까요?

❶ 중국　　　❷ 러시아　　　❸ 이라크

❹ 소말리아　　　❺ 북한

(정답은 262쪽에 있습니다)

인간은 다양한 이유로 동물들을 사냥해왔다. 지구 인구가 10억이 안 되던 시절, 그러니까 고려 시대나 조선 시대에는 사람이 동식물을 사냥해 상품으로 거래한다고 해도 해당 동식물이 멸종 위기에 처하지 않았다. 그때 그 시절에는 거북이를 주식으로 삼는 문명이 있어도 괜찮았고, 상아를 채취하기 위해 코끼리를 사냥해도 100만 마리 코끼리가 여전히 아프리카의 대지를 울렸으며, 제아무리 포경을 한다고 한들 수십만 마리의 거대한 고래 떼가 오대양을 유유히 헤엄쳤다.

하지만 인간의 수가 늘고 경제가 고도화되며 사냥 기술이 발달한 후로는 사정이 달라졌다. 특정 동식물로부터 얻을 수 있는 자원이 유행을 타거나 쓸모가 높아지면 바로 그 종이 멸종 위기로 치닫는 일이 반복된 것이다.

산업 현장에서 고래기름의 수요가 높아져 포경 산업이 호황을 맞이한 19세기에 전 세계 바다의 고래 수는 90퍼센트 가까이 줄어들었던 것으로 추정된다. 상아 공예품(당구공이나 피아노 건반 등)의 수요가 늘어나자 아프리카코끼리의 50퍼센트가 죽임을 당했고 악어가죽의 쓸모가 커지자 미국 앨리게이터의 씨가 마를 뻔했다. 오래전부터 사람들이 모피를 얻기 위해 사냥했던 수달, 물개, 비버도 한 번씩 인간의 손에 절멸당할 위기를 겪었다.

이런 친구들의 멸종을 막는 데 동식물의 상업적 포획과 국제 거래를 금지하는 CITES 같은 국제협약만큼 도움을 준 것이 없다. 20세기 초반부터 시작된 고래잡이 반대 운동은 결국 1980년대에 이르러 모든 종류의 상업적 포경 행위를 법적으로 금지하는 결과를 낳았다. 그 덕분에 오늘날의 고래 개체 수는 거의 포경 산업 호황 이전 수준으로 돌아왔다.

상아는 1989년에 CITES 품목에 포함됐다. 코끼리와 하마와 코뿔소를 보호함과 동시에 세계 각국이 상아 밀매를 단속할 법률적·윤리적 근거가 마련된 셈이다. 악어, 수달, 물개, 비버 또한 거래 금지 조치와 함께 위기를 넘기고 오늘날에는 다들 인간이 미친 듯이 사냥하던 시절 이전의 모습을 거의 회복하거나 IUCN 리스트상의 '걱정 없어요' 종에 등극한 상태다.

고운 털 때문에 사냥을 당하곤 했던 이 귀여운 녀석들 중 위의 해달은 상업적 이용 금지 조약으로 개체 수가 크게 회복됐지만 아래의 레서판다는 아직 멸종 위기에서 벗어나지 못하고 있다. 복슬복슬한 꼬리털을 갖고 싶어 하는 인간들이 여전히 많고 각국의 서식지 보호 노력이 아직 부족하기 때문이다. 레서판다는 지금 이 순간 우리의 관심과 노력과 협력을 필요로 한다.

　　인구가 계속 증가하고 있음에도 이런 동물들의 숫자가 증가했다는 사실은 참으로 고무적이다. 절망적인 상황, 부정적 조건이 압도적으로 작용하는 상황에서도 우리가 구체적인 목표와 효능감, 공동의 노력을 통해 의미 있는 변화를 창출할 수 있음을 보여주기 때문이다.

자연에 양보하다

멸종 위기종 보호의 역사를 살펴보면 자연스럽게 이런 질문이 떠오른다. 그럼 우리는 무엇을 해야 할까? 멸종 위기종을 보호하고 생태계 다양성을 보존하기 위해 우리가 효능감을 발휘해야할 일은 무엇일까? 이제 생태계 보호 문제에 관한 이야기를 마무리하며 '절반 지구 전략'에 대해 알아보기로 하자.

먼저 이런 질문을 던져보자. 우리는 과연 자신에게 위협이 되는 동물들도 보호할 수 있을까? 사람을 할퀴고 죽일 수 있으며 가축과 농작물을 위협하는 녀석들은 과연 100억 인구와 그들의 농작물과 가축이 우글거리는 지구에서 살아남을 수 있을까? 호랑이의 나라 대한민국에서 호랑이가 사라진 것을 보면 회의적인 예측이 앞설지도 모른다. 하지만 인간과 가축을 포식하는 동물들의 미래 역시 그리 절망적이지 않다.

대표적인 예가 갯과 포식자들이다. 물론 가정집에 사는 포메라니안이나 레트리버도 육식을 즐기고 언제든 고기를 포식할 준비가 되어 있지만 여기서 이야기하는 갯과 포식자는 늑대와 자칼, 코요테를 가리킨다. 과거 인간이 활동 영역을 한없이 넓혀가며 나날이 뛰어난 사냥 능력을 갖추게 되자 늑대, 자칼, 코요테는 언제 멸종해도 이상하지 않을 처지에 내몰리기도 했다. 하지만 오늘날에는 다들 '걱정 없어요' 종으로 분류되어 세계 각지를 활보하고 있다.

인간과 갯과 포식자들이 그럭저럭 잘 지내게 된 핵심적인 이유는 인간 세상과 들개들의 세상에 뚜렷한 경계가 생겼기 때문이다. 여전히 가축과 반려동물 또는 음식물을 노리고 사람 사는 곳으로 침투해오는 갯과 포식자들이 있지만 오늘날에는 사람과 개의 영역이 명확히 구분되는 편이다.

특히 유라시아와 북미의 광활한 보호구역을 누비며 살아가는 녀석들의 형편이 좋다. 이쪽 지역 사람들은 이미 인간의 영역을 줄여가고 있기 때문이다. 인구가 폭증을 시작할 때 사람들은 마치 물에 떨어뜨린 물감 방울이 퍼져나가듯 곳곳의 개척지를 기점으로 사방팔방의 자연을 침식해 들어갔다. 하지만 오늘날 완숙기에 이른 여러 국가의 사람들은 자연을 침식하지 않고 도시에 옹기종기 모여 사는 쪽을 택한다.

더 많은 사람이 도시에 모여 살수록 사람의 삶의 질과 동식물의 삶의 질이 동시에 높아진다. 2,000만 명이 사는 나라에서 1,000만 명만 도시에 모여 살고 나머지 1,000만 명은 자연인이 되어 산과 들에 집을 짓고 나무를 때며 살아간다면 그 나라의 자연은 초토화될 수밖에 없다. 하지만 문명이 발전할수록 도시화 수준은 꾸준히 높아지게 마련이다. 사람들은 살기 편한 곳에서 살고 싶어 하기 때문이다. 사람들이 도시로 모이면 각종 오염을 통제하기도 쉽고, 물류와 에너지 유통의 효율도 높아지며, 우리가 자연에 내줄 수 있는 영역도 늘어난다.

도시화 추세

1970년의 세계 인구 37억 명 중 도시에 사는 사람들은 전체의 36%에 해당하는 13억 5,000만 명이었다. 상대적으로 가난한 나라들의 경우에는 전체 인구의 25% 정도만이 도시에 살았다. 그에 비해 2018년에는 세계 인구의 55%가 도시 사람이었다. 세계 인구가 100억에 육박할 2050년경에는 전체 인구의 68%가 도시에 거주할 것으로 추정된다. 이때는 상대적으로 가난한 나라 국민도 65%가량이 도시에서 살 것이다. 특히 전 세계적으로 봤을 때 농촌 인구는 바로 이 순간 정점에 이른 것으로 추정된다. 즉 앞으로는 세계 인구가 증가하더라도 농촌의 인구가 증가할 일은 없다는 뜻이다.

농업 생산성이 끝을 모르고 향상되는 것 또한 사람 세상과 짐승 세상의 구분을 가능하게 해준 결정적 요인이다. 다수확 품종을 심고 좋은 비료와 살충제를 사용하고 과학적인 농경 기법을 적용한 결과로 오늘날 선진국의 농민들은 같은 땅덩이를 가지고도 엄청난 생산성을 발휘한다.

이런 요인들이 작용한 덕분에 유럽과 북미 등에서는 이미 인간이 더 이상 자연을 침식하지 않거나 오히려 자연으로부터 후퇴하고 있다. 거대한 영토를 가지고 있지만 정작 사람들은 따뜻한 동네에 옹기종기 모여 살며 농사를 짓고 산업을 발전시킨 캐나다와 러시아는 국토 대부분이 원시 상태의 생태계 다양성을 유지하고 있다. 미국의 경우에는 국립공원의 면적만 해도 20만 제곱킬로미터에 이른다. 우리나라 총면적의 2배 규모다. 중서부 로키산맥 지역의 생태계 다양성도 인간에 의한 손상이 거의 일어나지 않았다.

우리나라는 산림의 비율이 국토의 60퍼센트가 넘는다. 인구 밀도가 1제곱킬로미터당 500명 이상인 우리나라가 1제곱미터당 27명밖에 살지 않는 라오스와 산림 면적 비율이 비슷하다는 이야기다. 60퍼센트라는 숫자를 듣고 깜짝 놀라 "도대체 우리나라에 숲이 어디 있다는 거야?"라고 묻는 사람들이 있다면 바로 여러분 덕분에 이런 숫자가 나온 거라고 말씀드리고 싶다. 평야 지대에 세운 도시에서 공간 효율이 높은 아파트에 사는 여러분과 나 같은 사람들 덕분에 우리나라가 이만큼의 국토를 숲과 동물들에게 양보할 수 있는 것이다.

이런 추세들 때문에 오늘날에는 인간 반 자연 반 전략에 대한 관심과 자신감이 고조되고 있다. 인간 반 자연 반 전략은 흔히 '절반 지구 전략(half earth strategy)'이라고 불린다. 오늘날 우리가 자연에 할애한 영토는 지구 면적의 30퍼센트 정도다. 절반 지구 전략을 추구하는 사람들은 이 면적을 50퍼센트까지 늘리는 것을 목표로 한다. 인구가 지속적으로 늘어나고 있음에도 나날이 가속화되는 도시화와 선진 농업 기술의 확산세를 고려하면 절반 지구도 꿈같은 목표가 아니라는 것이 이들의 생각이다.

인간 반 자연 반, 절반 지구 전략

그렇다면 절반 지구는 거저 얻을 수 있는 것일까? 우리는 그저 도시화 추세에 몸을 맡기고 아프리카 농민들이 농업 생산성을 증가시키기를 기다리면 되는 걸까? 운동가들과 학자들은 입을 모아 이야기한다. 소비자들의 노력이 없다면 도시화와 농업 기술 향상은 그 자체로 충분한 효과를 발휘하지 못한다고 말이다. 소비자, 시민, 우리 한 사람 한 사람의 노력 없이 정책과 기술만 가지고는 절반 지구라는 목표를 이룰 수 없다.

예컨대 세계자연기금이 발행한 2020년 판 〈살아 있는 지구 보고서(Living Planet Report)〉를 펼쳐보면 생태계 다양성의 미래에 대한 다양한 시나리오가 등장한다. MSA(Mean Species Abundance, 평균 종 풍요도)라는 특정 지표를 기준으로 하면 우리 선조들이 농경과 목축을 터득한 이후로 인류는 지금까지 지구 생태계 다양성을 44퍼센트 훼손했다. 다양한 종의 개체 수가 44퍼센트 줄어들고 그 자리를 인간, 가축, 곡물 또는 생태계 교란종이 차지했다는 뜻이다.

그렇다면 앞으로 생태계 다양성은 증가할까 감소할까? 이에
대해 보고서는 다음의 다섯 가지 시나리오를 제시하고 있다. 첫
째 생태계 다양성 보호를 위해 아무런 노력을 기울이지 않는 경
우, 둘째 '지구 공유 전략'에 따라 보호 운동을 펼치는 경우, 셋째
절반 지구 전략에 따라 보호 운동을 펼치는 경우, 넷째 지구 공
유 전략에 소비자 운동을 병행하는 경우, 다섯째 절반 지구 전략
에 소비자 운동을 병행하는 경우다.

첫 번째 시나리오는 누구도 농업 생산성 증가를 위해 노력
하지 않고 아무도 보호 노력을 기울이지 않으며 소비자의 태도
또한 변하지 않는 상황을 나타낸다. 이렇게 하면 앞으로 50년 안
에 생태계 다양성이 10퍼센트 더 감소할 것이다. 그러나 오늘날
의 세계는 이딴 식으로 돌아가지 않는다. 따라서 이 시나리오는
다른 시나리오들의 하한선을 제한할 뿐 현실적인 시나리오라고
보기 어렵다.

두 번째 시나리오에 등장하는 지구 공유 전략이란 현재 우
리가 자연에 할애하고 있는 30퍼센트 정도의 땅을 더욱 가꾸고
돌보며, 인간이 사용하고 있는 땅에서도 다른 동식물들이 살아가
도록 하는 것이다. 서울과 김포, 인천의 강변에 갈대밭을 가꾸어
철새들이 이를 이용하게 하거나 숲에 나무를 보태어 더욱 푸르
게 만드는 것 등이 지구 공유 전략의 구체적 방법이라 할 수 있
다. 지구 공유 전략에 따라 보호 운동을 전개하면 생태계 다양성
소실 속도를 어느 정도 늦출 수 있을지언정 멈출 수는 없다. 절

반 지구 전략에 따라 보호 운동을 전개하는 세 번째 시나리오도 마찬가지다. 어느 쪽 전략을 택하든 소비자 운동이 뒷받침되지 않은 보호 운동만으로는 생태계 다양성의 감소를 막을 수 없다.

반면 네 번째 시나리오, 즉 지구 공유 전략과 소비자 운동이 병행되는 경우에는 향후 50년간 생태계 다양성을 현 상태로 유지할 수 있을 것으로 보인다. 나아가 절반 지구 전략과 소비자들의 노력이 합쳐지는 마지막 시나리오에서는 놀랍게도 생태계 다양성이 조금씩 회복되는 결과를 맞이할 것으로 예상된다. 인구가 증가하는데 그와 더불어 생태계 다양성도 증가하는 멋진 신세계가 우리 앞에 펼쳐질 수 있다는 뜻이다.

생태계 다양성 회복에 도움이 되는 소비자의 친환경 행동이란 매우 상식적인 것들이다. 먹을 것을 적당히 사고, 적당히 차리고, 남기지 않고 먹는다. 이런 측면에서 우리나라 사람들은 더할 나위 없이 모범적인 모습을 보인다. 많은 유럽인과 북미인이 우리나라 사람 같기만 하다면 우리는 2050년이 아니라 지금 당장이라도 자연에 10퍼센트의 땅을 더 양보할 수 있을지 모른다. 그렇다고 해서 서양 사람들을 손가락질하고 있을 여유는 없다. 삼시 세끼 스테이크를 먹는 사람들을 비난하기보다 훨씬 중요한 것은 이미 잘하고 있는 우리가 좀 더 건강한 식습관을 개발하는 일이다.

균형 잡힌 식단은 내 몸과 생태계 모두에 균형을 가져온다. 균형 잡힌 식단을 꾸려 육류 소비를 적정선에서 유지하면 군살이 찌는 것도 방지하고, 고기를 생산하는 데 드는 온실가스도 줄이고, 생태계 다양성 회복에도 기여할 수 있다. 음식을 남김없이 먹고 음식물 쓰레기를 잘 처리하기만 해도 폐기물을 줄이고 재활용 비율을 높일 수 있다. 이토록 의미 있고 생활친화적이며 힘들이지 않고 할 수 있는 일을 굳이 외면할 이유가 있겠는가.

작 지 만
의 미 있 는
친 환 경
행   동

9

일단 아무거나 하나만

이 책을 시작하며 나는 세 가지 목표를 제시했다. 첫째는 지구 환경의 미래에 우리는 어떤 희망을 가질 수 있으며, 그 희망은 어떤 역할을 하는지 알아보는 것이다. 둘째는 우리 주위에 팽배한 공포 메시지와 죄책감 메시지의 의미와 이를 다루는 방법을 알아보는 것이다. 그리고 셋째는 너도나도 친환경 행동에 매진하는 세상을 만들기 위해 우리가 어떻게 행동해야 하는지 이야기하는 것이다.

이미 첫 번째와 두 번째 목표에 관해서는 머릿속에 어느 정도 그림을 떠올릴 수 있게 됐을 것이다. 우리의 인식과 행동 사이를 가로막는 것은 희망의 부재와 무망감의 만연이라는 사실, 희망은 행동을 끌어내고 공포는 우리를 얼어붙게 한다는 사실, 가시적 목표를 구체적으로 추구하는 효능감이 중요하다는 사실, 효능감은 죄책감을 적극적 행동으로 바꿀 수 있다는 사실을 기억하자.

이제 세 번째 목표에 초점을 맞추어 친환경 생활 습관을 만들어나가는 심리학적 원리에 대해 이야기할 때다. 어떤 식으로 우리는 희망을 붙들고 행동에 나설 수 있을까? 어떻게 하면 효능감을 가지고 공존의 생활 습관을 만들어나갈 수 있을까? 자연과 인간의 공존을 위해 행동할 때 견지해야 할 심리적 전략에는 어떤 것들이 있을까?

친환경 행동 습관을 만드는 핵심 전략들은 누구나 실천에 옮길 수 있을 만큼 단순명쾌하고 직관적이다. 모든 친환경 행동 전략의 밑바탕이 되는 원리는 '일단 아무거나 하나 시작하자'라는 것이다.

우리가 친환경 소비자 운동에 희망을 품고 이 운동이 들불처럼 퍼져나갈 것이라고 기대해도 좋은 이유가 바로 이것이다. 한 가지 친환경 행동을 한 사람은 얼마 지나지 않아 두 가지, 세 가지 친환경 행동을 하게 된다. '나는 재활용을 잘하니까 다른 친환경 행동은 절대 안 할 거야'라고 생각하며 사는 사람은 없다. 오히려 재활용을 잘하면 에너지 절약에도 관심이 가고, 에너지 절약을 실천하고 나면 일회용품 소비를 재고하게 된다. 쉽게 말해 '바늘 도둑이 소도둑 되는' 것이다. 친환경 행동의 경우에는 바늘 아끼는 사람이 소고기도 적당량만 먹을 줄 아는 사람이 되는 셈이라고 하겠다.

새로운 지식이나 행동을 익혔을 때 이를 자연스럽게 확장해나가는 것이 인간의 두드러지는 심리적 특징 가운데 하나다. 어찌 보면 이런 습성이 인간 창조성의 본질이라고도 할 수 있다.

피아노 치는 법을 배우면 이 곡도 쳐보고 싶고 저 곡도 쳐보고 싶어진다. 목공을 배우면 의자도 만들어보고 책장도 만들어보고 싶어지며, 재활용하는 방법을 익히면 내친김에 일회용품 소비도 줄일까 하는 생각이 든다. 이처럼 우리의 행동은 한 가지 일에서 다른 일로 흘러넘치며 우리의 정체성을 형성한다. 그러므로 친환경 행동 습관을 만들어나가는 기본 전략은 일단 아무거나 시작한 다음 자연스럽게 흘러넘치도록 두는 것이다. 심리학 개념으로는 '흘러넘치기(spillover)'라고 부르는 현상이다.

흘러넘치기의 힘을 잘 보여주는 연구를 몇 가지 소개할까 한다. 첫 번째 연구(Xu, Zhang & Ling, 2018)에서 연구자들은 가정집을 방문해 사람들이 분리수거를 열심히 하도록 유도했다. 첫 번째 그룹의 사람들에게는 재활용이 환경에 얼마나 좋은지 말로 설득하여 분리수거를 하도록 당부했고, 두 번째 그룹의 사람들에게는 분리수거를 하면 돈을 주겠다고 말했다.

연구 결과는 놀라웠다. 어떤 동기로든 분리수거를 하기 시작한 사람들은 분리수거에서 한발 더 나아가 양치를 하는 동안 수도를 잠그고, 물을 재사용하고, 에너지 효율이 높은 제품을 찾고, 사용 중이 아닌 전자제품의 코드를 뽑고 빈방의 전깃불을 끄게 됐다. 친환경 정체성을 품고 환경에 더 관심을 갖게 된 것은 물론이다.

이 연구에서 가장 중요한 요소 가운데 하나는 분리수거가 환경에 얼마나 이로운지 말로 설득한 그룹과 돈으로 유혹해 분리수거를 하게 한 그룹 간에 '흘러넘치기' 측면에서 차이가 나타나지 않았다는 점이다. 한마디로 사람은 환경주의자가 되지 않고도 친환경 생활 습관을 지닐 수 있다. 동기가 무엇이건 간에 친환경 행동 한 가지를 실천하면 다른 부문으로 자연스럽게 흘러넘쳐 일상 전반에 친환경 생활 습관이 자리 잡게 된다.

두 번째로 살펴볼 연구(Margetts & Kashima, 2017)가 시사하는 바 또한 첫 번째 연구를 통해 발견한 사실과 상통하는 점이 있다. 여기서 연구자들은 다양한 친환경 행동들 사이에 흘러넘치기가 더 자연스럽게 발생하게 하는 요인이 있는지 살펴봤다. 이들은 특히 친환경 목표가 뚜렷한 사람일수록 행동들 간에 흘러넘치기가 더 자연스럽게 일어날 것으로 생각했다.

하지만 연구자들의 예측은 빗나갔다. 사람들에게 뚜렷한 친환경 목표가 없는 경우에도 행동들 사이에 유사성만 있으면 흘러넘치기가 일어났다. 환경주의자와는 거리가 멀던 사람이 일단 분리수거를 시작하고 나서부터 음식물 쓰레기를 줄이려 했고, 친환경 제품을 구매하기 시작한 후로 일회용품을 기피하는 모습을 보인 것이다.

세 번째 연구(Truelove & Nugent, 2020)는 흘러넘치기를 약간 삐딱한 관점에서 검증하고자 했다. 사람이 친환경 행동 한 가지를 하게 되면 흘러넘치기가 나타나는 게 아니라 1부에서 살펴본 모럴 라이선싱 또는 테크놀로지컬 라이선싱이 나타나지는 않을까 염려한 것이다.

최근 전 세계적으로 플라스틱 빨대 안 쓰기 운동이 한창이다. 이에 연구자들은 플라스틱 빨대를 안 쓰는 행동을 하게 되면 다른 친환경 행동을 거들떠보지 않거나 오히려 다른 쪽으로는 더 방만하게 행동하지 않는지 살펴봤다. '플라스틱 빨대를 쓰지 않다니 나 좀 대단한데? 그러니 오늘은 드라이브 두어 시간 즐겨도 문제없겠지?' 사람들은 이런 생각을 하는 게 아닐까?

이번에도 연구자들의 걱정은 기우로 드러났다. 플라스틱 빨대를 안 쓰는 사람들은 다른 친환경 행동도 하게 됐을 뿐 체면치레나 방만한 소비를 하지 않았다. 구체적으로 이들은 에너지를 절약하고 소비를 줄이며 음식을 남기지 않고 분리수거를 더 잘하고 다 쓴 물건을 재활용하는 일을 더 많이 하게 됐다. 우리가 공존을 위한 생활 습관의 변화를 꿈꿀 때 이 정도로만 변화한다면 더 바랄 게 없을 정도다.

마지막으로 소개할 연구(Geiger, Steg, van der Werff & Ünal, 2019)는 우리가 친환경 행동의 첫 단추를 끼우는 방법에 대해 생각하게 한다. 연구자들은 환경에 대한 지식이 행동을 낳는지, 아니면 다른 요소들이 친환경 행동을 끌어내는지 살펴봤다. 그 결과 지식 요인은 우리가 친환경 행동에 첫발을 내딛게 하는 이유가 되기에 역부족이라는 사실이 밝혀졌다.

연구자들이 발견한 친환경 행동의 동력 가운데 하나는 어이없게도 집에 분리수거 통이 있느냐 없느냐와 집 근처에 분리수거장이 있느냐 없느냐였다. 다시 말해 사람은 자기 행동의 환경주의적 의미를 이해함으로써 친환경 행동에 나서는 것이 아니라 집에 분리수거 통을 마련해놓음으로써 친환경 행동을 시작할 수 있다는 것이다.

환경이 어떻게 돌아가고 분리수거를 어떻게 해야 하는지 사람들에게 열심히 이야기한다고 해도 사람들이 이를 행동으로 옮기기 힘들어하거나 듣고 나서 바로 잊어버리는 것은 어찌 보면 자연스러운 현상이다. 이런 종류의 지식에는 우리 마음을 움직일 동기적 요소가 담겨 있지 않기 때문이다. 마치 코로나 백신을 맞는 게 나한테도 좋고 다른 모두에게도 좋다는 것을 잘 알지만, 막상 백신을 맞으려니 부작용이 무섭고 다른 사람들이 얼른얼른 맞아서 나는 안 맞아도 됐으면 좋겠다는 생각을 하는 것과 같다. 환경에 대해 제아무리 잘 알고 있다고 해도 환경을 보호하겠다는 목표를 갖거나 불편을 감수하면서 친환경 행동을 실천하는 것은 별개의 문제라는 말이다.

지식이 하지 못하는 일을 우리 손으로 만든 간단한 장치, 환경, 조건 등이 하게 해준다. 집에 분리수거 통이 있으면 분리수거를 하게 된다. 전원 버튼이 달린 멀티탭을 사용하면 전기 낭비를 줄일 수 있다. 분리수거를 하고 전기 낭비를 줄이는 간단한 행동으로부터 우리의 친환경 정체성이 형성되고 친환경 행동의 효능감이 흘러넘치게 된다.

이렇게 형성된 친환경 정체성과 효능감은 누가 무슨 소리를 해도 흔들리지 않는 탄탄한 모습을 보인다. 당연하다. 우리 스스로 작은 조건을 만들어 싹틔운 작은 행동이 흘러넘쳐 형성된 자발적이고 튼실한 정체성이기에 남들의 값싼 말이나 일희일비하는 미디어의 변덕에 흔들릴 일이 없다.

흘러넘치는 것은 시간문제

한 가지 친환경 행동이 다른 친환경 행동들로 이토록 쉽게 흘러넘칠 수 있는 이유는 무엇일까? 별다른 지식이 없어도, 똑 부러지는 사상이 없어도 쉽게 흘러넘칠 수 있는 이유, 흘러넘치는 과정에서 친환경 정체성이 형성되고 친환경 행동의 효능감이 높아지는 이유는 무엇일까? 친환경 행동이 어떤 것이기에 이런 일들이 일어나는 걸까?

우리의 행동이 쉽게 흘러넘치고 그 과정에서 정체성과 효능감이 자연스럽게 형성되려면 행동에 몇 가지 특성이 있어야 한다. 그런 행동을 했을 때 좋은 느낌이 들거나 돈이 되거나 사회적 관계를 만들고 유지하는 데 도움을 주거나 삶의 의미를 제공해야 한다. 친환경 행동은 그중에서도 좋은 느낌과 삶의 의미감을 준다.

어떤 행동을 했을 때 좋은 느낌이 든다는 것은 우리가 그 행동을 할 때 긍정적인 정서를 경험한다는 뜻이다. 이런 긍정적인 감정은 각종 보상 때문에 발생하곤 하지만 그렇지 않은 순수한 형태로 나타나기도 한다. 이를테면 반려동물의 보드라운 털을 쓰다듬는 일은 금전적 보상이나 사회적 명성을 얻는 것과 무관하고 삶의 목적성과 의미감을 느끼게 해주는 일과도 거리가 있다. 하지만 우리는 이런 행동을 멈추지 못한다.

자기 집 강아지와 고양이를 쓰다듬던 사람은 길 가다 마주친 남의 집 강아지도 쓰다듬고 싶어 하고 길고양이도 만져보고 싶어 한다. 이처럼 쓰다듬는 행동이 흘러넘치다 보면 우리는 어느새 누구 못지않은 애견가며 애묘가가 되어 있기 마련이다. 자연에서 마주치는 아무 동물이나 꼬드기려 할 정도로 효능감도 높아진다("저 너구리도 날 좋아하지 않을까?").

이처럼 반려동물 털 쓰다듬기는 뚜렷한 물질적 보상 없이도 흘러넘쳐 우리의 정체성을 만들 수 있는 행동이다. 해리 할로의 유명한 실험을 보라. 어미 잃은 새끼 원숭이에게 따뜻한 털이 있되 젖이 나오지 않는 엄마 원숭이 인형과 젖은 나오되 철사로 만들어진 엄마 원숭이 인형을 마련해주면, 새끼 원숭이는 온종일 털 엄마를 붙들고 지내다가 배가 고플 때만 철사 엄마 근처로 간다. 때로 정서적 보상은 물질적 보상보다 강력하다. 반려동물 털 쓰다듬기는 옥시토신에 기반한 그윽한 행복감을 주기에 이런 효과를 낸다. 그 밖에 우리가 얻을 수 있는 정서적 보상의 예로는 재미와 흥미, 성취감과 자부심 등이 있다.

흔히 '엄마 호르몬'이라고 불리는 물질이다. 옥시토신은 우리가 애착 경험을 할 때 분비되어 행복감을 느끼게 한다. 그 결과 애착 경험을 긍정적인 경험으로 만들고 이를 계속해서 갈구하게 한다.

그렇다면 친환경 행동을 하면서 우리는 어떤 '좋은 기분'을 느낄 수 있을까? 분리수거장에서 옥시토신 기반의 그윽한 행복감을 느낄 수 있는 것도 아니고 음식물 쓰레기를 처리하면서 딱히 재미를 느끼지도 않는데 말이다. 군대를 다녀온 사람들은 '야쓰장'이라는 말만 들어도 진저리를 칠지 모른다. 야쓰장이란 야외 쓰레기장의 군대식 줄임말인데, 벌레를 싫어하지 않던 사람도 벌레 혐오자로 만들 정도로 극단적인 경험을 하게 해주는 곳이다. 친환경 행동이란 그만큼 귀찮고 더럽고 힘든 느낌과 결부될 가능성이 큰 행동이다.

그럼에도 우리는 친환경 행동을 할 때 일반적으로 가슴이 따뜻해지는 느낌과 행복한 느낌을 받을 수 있다. 분리수거 통을 들고 분리수거장으로 향할 때는 귀찮음이 밀려오지만, PET와 폴리비닐클로라이드와 화학전지와 세라믹과 유리와 알루미늄을 나누어 담다 보면 난데없는 뿌듯함이 느껴져 당황스러울 때가 있다. 보다 힘들고 더럽고 귀찮은 일을 할수록 오히려 이런 가슴 따뜻한 느낌이 더 강해지곤 하는데, 평소 차를 타고 다니던 길을 걸어가거나 자전거를 타고 갔을 때 드는 뿌듯한 기분이 여기에 속한다.

우리가 친환경 행동을 했을 때 긍정적인 기분을 느끼는 것은 그 행동 자체가 좋은 기분을 느끼게 해주어서가 아니라 행동의 의미가 너무도 기분 좋은 것이기 때문이다. 분리수거를 하고 에너지를 절약하는 일은 나를 불편하고 힘들고 심지어는 불쾌하게 할 수 있지만, 무엇보다 자연환경과 동물들에게 이로운 일이다.

인간은 물질적·사회적 보상이 없을 뿐만 아니라 지금 당장 반려동물의 머리를 쓰다듬을 수 없는 상황에서도 정서적 만족감을 느낄 수 있는 놀라운 존재다. 일단 자연을 사랑하게 된 사람은 도시 생활을 하는 와중에도 산과 바다와 그곳의 동물들을 쉽게 떠올릴 수 있고, 에너지 아끼기와 폐기물 줄이기를 실천하는 순간 그들이 손을 뻗어 우리 마음을 어루만지는 느낌을 받을 수 있다. 우리는 이처럼 초월적 애착 형성이 가능한 존재이고, 그렇기에 우리의 친환경 행동은 자연스럽게 이리저리 흘러넘칠 수 있다.

고르는 것보다 아끼는 게 먼저

분야별로 친환경 행동에 대해 자세히 살펴보기에 앞서 한 가지 분명히 짚고 넘어가자. 친환경 행동은 매번 행동을 할 때마다 '이런 상황에서는 뭐가 친환경 행동일까?'라며 고민해야 하는 일이 아니라는 점이다. 친환경 행동은 몸으로 익혀 자연스럽게 반복하는 습관적 행동, 즉 우리의 소비 습관이고 이동 습관이며 생활 습관이다.

일반적으로 습관을 획득하고 유지하려면 어떤 조건이 필요할까? 심리학에서 습관이라는 행동 단위를 중시하고, 나아가 인간을 습관으로 이루어진 존재로 파악하려 했던 인물이 있다. 과학적 심리학의 아버지로 불리는 윌리엄 제임스다. 무려 100년도 전에 《심리학의 원리》에서 제임스가 내놓은 결론은 아직까지도 습관을 연구하는 많은 이들에게 꼭 기억해야 할 경구로 남아 있다. 새로운 습관을 들이려면 수단과 방법을 가리지 말고 한 방에 성공하라는 것이다.

처음에 성공을 거두는 것이 절대 필요하다. 처음에 실패하는 것은 장차 착수할 모든 시도에서 필요한 에너지를 제약하기 쉽고, 반대로 성공한 과거 경험은 장차 사용할 정력을 북돋아 준다. (……) 당신이 결정한 모든 결심에 영향을 미치고 당신이 얻기를 희망하는 습관과 일치하는 방향에서 당신이 경험할 모든 정서적 부추김에 영향을 미칠 모든 가능한 최초 기회를 포착하라. 당신의 결심과 희망이 뇌에 새로운 '자세'를 일깨우는 것은, 결심과 희망이 형성되는 순간이 아니라 그 결심과 희망에 따라 일어나는 운동의 결과가 나타나는 순간이다.

공존의 생활 습관을 대표할 단 하나의 단어를 꼽는다면 그건 '고르기'가 아니라 '아끼기'다. 고르기가 나쁘다는 뜻은 아니다. 단지 아끼기보다 훨씬 까다로울 뿐이다. 나아가 아끼기가 바탕이 되지 않은 고르기는 역효과를 낼 수도 있다. 고르기가 아끼기보다 까다로운 것은 우리의 삶이 대단히 복잡한 경제적·기술적·사회적 그물망 속에서 펼쳐지기 때문이다. 아끼기를 함께 실천하지 않고 오로지 경제적 선택을 통해 자연환경에 좋은 일을 하겠다는 결심은 사실상 대부분의 경우에 우리가 의도한 결실을 보기 어렵다.

다시 말해 한 달에 300만 원을 소비하는 사람이 월 소비 금액을 조정하지 않은 채 선택에 변화를 줌으로써 전보다 더 친환경적인 생활을 하기는 힘들다는 이야기다. 전구를 LED로 바꾸고 비닐 포장이 된 음식을 종이 포장이 된 음식으로 바꾸고 내연기관 자가용을 전기차로 바꾸고 수입 농산품과 육류 위주의 식단에서 지역 농산품 위주로 바꾼다고 해도, 전체 소비 금액이 변하지 않는 이상 우리는 대략 과거와 비슷한 탄소와 오염 물질을 배출하게 된다. 제품과 서비스의 가격은 자원과 에너지를 얼마나 필요로 하느냐와 밀접하게 관련되기 때문이다. 300만 원으로 무엇을 소비하든 300만 원어치의 자원과 에너지를 쓰고 탄소와 오염을 발생시킬 가능성이 크다.

특히 우리는 기후변화 문제와 관련해 이와 같은 점에 유의해야 한다. 지구를 뜨겁게 하는 가장 중요한 요인은 인간의 에너지 사용이다. 탄소 배출량을 기준으로 하면 에너지가 온난화 문제의 90퍼센트를 차지한다고 해도 과언이 아니다. 여기서 이야기하는 에너지 요인이란 에너지를 이용해 전기를 만들고 쓰는 일뿐만 아니라 에너지를 직접 연소하는 난방, 취사, 교통 분야를 포괄한다. 기후변화는 우리가 화석연료를 사용해 차를 타고 전기를 만들고 난방을 하고 고기를 굽기 때문에 발생한다. 이 점에 유의한다면 사실 다른 복잡한 요인들이 기후변화에 어떻게 관련되는지 고민할 필요도 없다.

특히나 에너지 요인은 선택을 통해 극복하기가 힘들다. 세상 모든 제품과 서비스에는 에너지가 투입되기 때문이다. 선택을 통해 친환경 행동을 하려고 하면 방대하고 정확한 지식을 가지고 있어야 한다. 남들이 친환경 제품이라고 말하는 제품이 실상은 그렇지 않은 경우가 허다하기 때문이다.

비닐봉지와 에코백의 예를 한번 보자. 쇼핑백의 '생애 주기 연구'라는 분야가 있다. 일회용 비닐봉지를 기준으로 각종 쇼핑백을 몇 번이나 사용해야 환경에 이로운 결과를 얻을 수 있는지 분석하는 연구다. 영국과 덴마크 등지의 환경부에서 관련 보고서를 몇 차례 출판한 적이 있다. 연구마다 수치가 조금씩 차이를 보이는데, 가장 최근에 출판된 덴마크 환경부 리포트를 참고해보자.

그에 따르면 재활용 폴리프로필렌 백은 45회 이상 사용해야 매번 일회용 비닐봉지를 썼을 때보다 환경에 좋은 일을 했다고 할 수 있다. 사흘에 한 번씩 장 볼 때 사용한다고 치면 넉 달 만에 본전을 뽑을 수 있을 만큼 환경 효율이 높다. 종이백은 43회 이상 사용해야 매번 일회용 봉지를 쓴 것보다 환경에 이롭다. 면 에코백은 7,100회 이상 사용해야 한다. 하루 한 번 정도 쓴다고 치면 20년 가까이 써야 '친환경' 효과를 얻을 수 있다. 이쯤 되면 에코백은 친환경 물품이 아니라 패션이라고 인정하는 편이 좋을 것이다. 마지막으로 '오가닉' 면 에코백은 2만 회 이상 사용해야 한다. 오가닉이니까 환경에 제일 좋을 것 같은데 오히려 최악의 효율을 보인다. 생산 효율을 증가시키는 문명의 이기 없이 생산한 면을 사용하다 보니 그만큼 환경 효율이 나쁠 수밖에. 오늘날의 지구는 100억의 원시인을 감당할 여력이 없다.

과거에 영국에서 출판된 보고서까지 종합해보면, 가장 쉽게 가장 높은 환경 효용을 얻을 수 있는 쇼핑백 사용 습관은 일회용 비닐봉지가 찢어질 때까지 쓰고 또 쓰는 일이다. 일회용 컵 대신 텀블러를 사용하는 경우에는 50회 이상 사용해야 최소한의 환

튼튼하고 큼직한 재활용 폴리프로필렌 백은 환경 효율 또한 뛰어나다.

경 효율을 달성할 수 있다. 일주일에 다섯 번씩 석 달가량 사용하면 된다. 아예 1~2년을 쭉 사용하면 금상첨화다.

'에코'백의 사례를 통해 우리는 친환경 간판이 달리고 얼핏 환경을 위하는 것처럼 보이는 상품이 사실은 환경에 해를 입힐 수도 있다는 사실을 알 수 있다. 간단한 친환경 행동을 하려는데 이처럼 복잡한 속사정을 정확히 이해하고 있어야 한다면 우리는 선뜻 행동에 나서기 어려울 것이다. 반대로 정확한 사실을 모르는 채 선택을 하려다 보면 실수할 가능성이 커진다. 따라서 무엇보다도 아끼는 일에 주력해야 한다.

그러면 이제 머릿속에 이런 질문이 떠오른다. 고르는 것만큼이나 아끼는 것도 어려운 일이 아닐까? 사람들은 아끼는 거 잘못하지 않나? 인간은 기회만 되면 뭐든 펑펑 쓰고 싶어 하는 존재 아닌가?

아니다. 사실 인간은 낭비를 좋아하기는커녕 오히려 싫어한다. 얼마나 낭비를 싫어하는지, 낭비하지 않는 것처럼 보이기 위해 돈을 낭비할 정도다. 과자 여섯 봉지를 5,000원에 살 수 있지만 낭비로 보일까 봐 네 봉지를 4,000원에 사는 식이다(또는 그 반대다). 낭비가 싫다는 이유로 유통기한이 지난 식품을 먹어 치우기도 하고 낡은 물건을 버리지 못해 몽땅 쌓아두기도 한다.

예나 지금이나 서양이나 동양이나 재화를 낭비하는 사람이 환대받는 경우는 거의 없다. 어떤 종교도 낭비를 정당화하지 않으며 불교나 기독교처럼 검소함을 강조하는 경우가 대부분이다. 어떤 철학자도 낭비를 합리화하지 않았으며 중용과 검소함, 절제, 정의, 도덕을 강조하고 낭비를 비판했다.

대부분의 사회에서 낭비는 분배 정의를 조롱하는 행위로 여겨지며 부도덕한 일의 전형이자 못된 사람들이 하는 일로 여겨진다. 부모가 아이에게 가장 먼저 가르치는 규범 역시 음식 남기지 않기, 방을 나설 때 불 끄기, 수도꼭지 잘 잠그기와 같이 낭비를 막는 습관들이다.

하물며 환경과 자연이라는 키워드가 우리 머릿속에 콕 박혀있는 오늘날 사람들이 자원과 에너지 아끼는 일을 싫어할 리 만무하다. 지금 바로 아끼기를 실천해보자. 기왕 할 거라면 우리 행동의 결과가 바로 드러나도록 확실히 한번 해보자.

"예란 사치하는 것이 검소함만 못하고, 장례는 주도면밀하게 하는 것이 마음으로 슬퍼하는 것만 못하다." "선비로서 도에 뜻을 두고서 나쁜 옷과 나쁜 음식을 부끄러워한다면 그와 더불어 논할 가치가 없다." "의롭지 못하고서 부하고 귀함은 나에게 뜬구름과 같으니라." "강하고 굳세며, 소박하고 어눌함이 인에 가깝다." 《논어》가 전하는 공자의 격언이다.

에너지를 아끼는 습관

오늘날 우리가 자연과 인류에 대한 사랑을 표현하는 가장 좋은 방법은 아마도 에너지를 아끼는 일일 것이다. 화석 에너지 소비에서 비롯된 기후변화 속에서 우리는 솥에 빠진 개구리처럼 우리가 무엇을 잃고 있는지도 모르는 채 지겹도록 무더운 세상을 맞이하게 될 것이다. 자연에 대한 사랑과 희망을 바탕으로 효능감을 가지고 우리의 에너지 소비 습관을 바꾸지 않는다면 말이다.

우리나라는 2016년과 2020년 유엔에 온실가스 감축 목표를 제출했다. 목표치를 계산한 방법은 상이하지만 공통적으로 현재 7억 톤인 온실가스 배출량을 2030년까지 5억 톤 이하로 낮추는 것을 골자로 한다. 줄여야 할 온실가스가 2억 톤이다.

세계 다른 나라들처럼 우리나라에서도 온실가스 배출량의 90퍼센트가 에너지를 활용할 때 배출된다. 온실가스 대부분이 전기를 만들 때, 차를 탈 때, 도시가스를 쓸 때 발생한다는 뜻이다. 하나같이 소비자들의 아끼기 행동에 커다란 영향을 받는 부분이다. 에너지 분야의 온실가스 배출 비중이 워낙 높기에 에너지 아끼기를 실천했을 때 얻는 효과 또한 크다. 개인 또는 가구의 온실가스 배출량을 1톤씩 줄이는 것을 목표로 삼는다면 누구나 자기만의 방법으로 이 거대하고 중요한 변화에 기여할 수 있다.

에너지 아끼기 전략을 세울 때는 온실가스 배출량을 큼직큼직하게 덜어낼 수 있는 일부터 고려하는 편이 좋다. 온실가스 절감량이 많을수록 우리가 느낄 수 있는 따스한 느낌과 의미가 커지며 눈에 띄는 경제적 이익도 얻을 수 있다. 그러므로 차를 많이 타는 사람은 차 덜 타는 법을 고민하는 편이 좋고, 전기를 많이 쓰는 사람은 전기를 아낄 방법을 궁리하는 편이 좋다. 이런 큼지막한 부분들을 놓아두고 다른 소소한 행동들을 통해 온실가스 배출을 줄이려고 하면 너무 많은 일을 신경 써야 하고 효능감도 잘 상승하지 않는다.

세부 행동에 들어갔을 때도 가장 큰 효과를 볼 수 있는 행동에 집중해야 한다. 먼저 전기 아끼기를 어떻게 할 것인가에 대해 함께 살펴보자. 우리나라 사람들은 생각보다 전기를 많이 사용한다. 4인 가족 평균 전력 사용량은 월 350킬로와트시(kwh)다. 다소비 가구는 500킬로와트시 이상을 쓴다. 한두 명이 사는 집에서도 이 정도의 전기를 소비하는 경우가 드물지 않다. 전기밥솥을 24시간 보온모드로 해놓고, 컴퓨터를 온종일 켜놓고, 여름에는 에너지 효율 낮은 에어컨을 빵빵하게 돌리고, 겨울에는 전기장판을 줄곧 켜놓기만 해도 전기요금 고지서 폭탄을 받을 수 있다.

이 말은 우리가 의외로 전기를 대량으로 낭비하고 있기에 대량으로 아낄 여지 또한 있다는 뜻이다. 어떤 이들은 우리나라 전기요금이 너무 싸서 그렇다고 하는데, 국가 차원에서 전기요금을 올리는 일은 소비자들의 거센 저항에 부딪힐 수밖에 없다. 반면에 우리 한 사람 한 사람이 자연에 대한 사랑을 바탕으로 전기 사용량을 줄이는 것은 지금 당장도 가능한 일이다.

그렇다면 우리는 어디에 가장 많은 전기를 쓰고 있을까? 우리나라 사람들의 전기 사용 양상을 알아볼 수 있는 최신 자료는 한국전력거래소에서 발행한 2013년도 〈가전기기 보급률 및 가정용 전력 소비 행태 조사〉다. 10년 가까이 지난 옛날 통계 자료인지라 최근 많이 쓰이는 에어프라이어, 공기청정기, 로봇청소기 등은 반영이 안 되어 있지만 가전제품의 핵심이 되는 제품들은 다 다루고 있기 때문에 참고로 삼을 만하다.

자료에 따르면 한국인은 1년간 컴퓨터와 김치냉장고에 각각 150킬로와트시 정도의 전기를 사용하고 에어컨과 TV에는 각각 250킬로와트시, 냉장고와 전기밥솥 취사로 각각 350킬로와트시를 사용한다. 그리고 전기밥솥의 보온모드에 600킬로와트시를 사용한다. 세탁기, 전자레인지, 다리미에 사용하는 전력은 각각 50킬로와트시 이하에 불과하다.

이는 우리가 전기밥솥 보온모드를 사용하지 않는다면 냉장고와 TV를 아예 안 쓰는 것과 똑같은 양의 전기를 아낄 수 있다는 뜻이다. 600킬로와트시는 온실가스 0.3톤에 해당한다. 1톤 줄이기 목표의 30퍼센트를 밥을 지은 뒤에 밥솥의 코드를 뽑아버리는 것만으로 달성할 수 있다. 우리 삶에 별다른 불편을 주지 않으면서 전기요금을 크게 절약하고 기후변화에도 강력하게 대응할 수 있는 방법이 바로 우리 곁에 있는 셈이다.

비슷한 관점에서 차 연료 아끼기 문제를 살펴보자. 차 연료 아끼기(또는 운전 덜 하기, 자가용 덜 타기)도 매우 중요한 친환경 행동 영역에 해당한다. 우리나라의 자가용 이용자들은 대략 하루에 40킬로미터 정도 차를 몬다. 1년이면 1만 4,000킬로미터 이상을 주행하는 셈이다. 자동차의 온실가스 배출량은 신차 기준으로 1킬로미터당 120~160그램에 달한다. 밴이 160그램, 소형차가 120그램 정도 된다고 보면 된다. 즉 우리나라 자가용 이용자들은 한 사람당 연간 2톤 정도의 온실가스를 배출하는 셈이다.

대량의 온실가스를 배출하고 있으니 이를 대량으로 감축할 여지도 충분하다. 눈 딱 감고 차를 절반만 타기로 하면 당장 개인 감축 목표인 1톤을 달성할 수 있다. 일주일에 한 번 대중교통을 이용하는 것만으로도 전기밥솥 보온모드 안 쓰기와 동등한 감축 효과를 낼 수 있다. 이는 또한 신차를 기준으로 보수적으로 계산한 결과임을 잊지 말자. '내 차는 좀 오래돼서 1킬로미터에 250그램 배출 정도는 가뿐하겠는걸?'이라는 생각이 든다면 자가용 덜 타기로 감축할 수 있는 온실가스 양이 급격히 늘어날 것이다.

자동차로 오가는 거리의 일부를 자전거 타기나 걷기로 대체하면 막대한 온실가스 감축 효과를 볼 수 있을 뿐만 아니라 건강도 든든히 챙길 수 있다. 유류비 지출도 줄일 수 있는데, 이는 개인에게뿐만 아니라 우리나라 전체에 좋은 일이다. 우리나라는 무역 수입액의 20퍼센트 이상을 석유와 천연가스를 사 오는 데 쓰고 있기 때문이다. 우리가 차를 덜 타는 만큼 우리가 들이마시는 공기의 질 또한 좋아진다는 사실도 잊지 말자.

자전거 타기나 걷기가 너무 힘들게 느껴지는 분들은 카풀도 고려해보시기 바란다. 카풀은 자전거 타기나 걷기와는 또 다른 장점을 가진 친환경 생활 습관이다. 사실 과거에 카풀의 심리적 효용 또는 카풀의 목적을 조사하면 "환경에 이바지하려고요"라는 답변은 잘 나오지 않았다. "사람들이랑 같이 타니까 정말 좋아요"라는 이야기가 주류를 이뤘다. 그다음으로 나오는 이야기가 "경제적으로 도움이 되네요"라는 말이었다. 요즘에는 카풀이 완전히 친환경 행동의 일환인 것처럼 여겨져서 종종 간과되곤 하지만 사실 카풀에는 우리를 도시 생활의 고독에서 벗어나게 해주는 효과가 있다.

특히 외향적인 사람들, 출퇴근하는 와중에도 진짜 사람의 존재를 느끼고 싶어 하는 사람들에게 카풀은 훌륭한 생활 습관이다. 진짜 사람의 존재를 느끼는 일은 단순히 주위에 사람들이 있다고 해서 가능한 게 아니다. 지하철을 타고 출퇴근을 하면 사람 구경은 실컷 하지만 말 한마디 섞지 않는 무심한 얼굴들 사이에서 현대적 고독감이 심화되게 마련이다. 하지만 카풀은 다르다. 한 차에 타고서 서로 말 한마디도 하지 않은 채 회사까지 갈 자신이 있는 사람이 어디 그리 많겠는가?

재활용은 기대 말고 시키는 대로

기후변화 문제에서 가장 중요한 친환경 생활 습관인 에너지 아끼기에 대해 알아봤으니 이제 대지와 바다의 오염을 막고 기후변화 저지와 생태계 다양성 보존에 두루 기여하는 쓰레기 처리 행동으로 넘어가 보자. 쓰레기 분리수거와 음식물 쓰레기 줄이기를 이야기할 때 꼭 기억해야 할 부분이 있다. 쓰레기 처리는 우리의 소망에 맞추어 할 것이 아니라 현재의 기술이 허락하는 바를 철저히 지키면서 해야 한다는 것이다.

컵라면을 한 그릇 먹었다고 생각해보자. 다 먹은 라면 그릇을 바라보고 있노라면 '아, 이거 재활용했으면 좋겠다'라는 마음이 절로 든다. 분명히 종이로 만들어진 것 같은데, 이 그릇을 만들기 위해 세상 어딘가의 나무가 잘려 나갔을 텐데, 컵라면 한 그릇을 만들기 위해 온실가스가 많이 배출됐을 텐데, 이런 건 재활용해야 하지 않을까?

이런 마음에 컵라면 용기를 종이 쓰레기로 분류해서 버렸다면 우리의 소망에 맞추어 행동한 것이다. 안타깝지만 이는 친환경 행동이 아니라 반환경 행동이다. 현재 기술로는 복합 소재인 컵라면 용기를 펄프로 재생할 방법이 없다. 따라서 우리의 소망에 따라 재활용으로 분류해 내놓은 컵라면 용기는 재활용 공장에 들렀다가 재활용 불가로 분류되어 다시 매립지로 향한다. 이 과정에서 애꿎은 에너지만 더 낭비된다.

음식물 쓰레기를 처리할 때도 마찬가지다. 달걀을 요리해 먹고 껍데기를 버려야 하는데 달걀 껍데기도 닭이 만든 것이니 유기물일 것만 같고, 유기물일 테니까 가축을 먹이거나 퇴비로 활용하면 딱 좋을 것 같은 느낌이 든다. 생선을 먹고 나서 그 가시를 가만히 들여다보고 있노라면 가축이 이걸 먹으면 칼슘 보충에 도움이 될 성싶고 비료로 만들면 효과가 좋을 것 같은 느낌이 든다. 돼지갈비를 먹고 남은 뼈를 봐도 이 정도는 자연에 맡겨 천연 비료로 쓸 수 있지 않을까 하는 생각이 든다. 양파 껍질이나 파 뿌리 등은 아무리 뜯어봐도 퇴비로 쓸 수 있을 것처럼 보인다.

달걀 껍데기, 생선 가시, 돼지 뼈, 양파 껍질, 파 뿌리를 '재활용했으면 좋겠다'라는 마음으로 음식물 쓰레기통에 넣는 것 역시 반환경적인 행동이다. 음식물 쓰레기를 재활용한다는 것은 물기를 빼고 건조시켜 건식 사료로 사용하거나, 가열 멸균해서 습식 사료로 사용하거나, 발효해서 퇴비로 활용하는 것이다. 껍질과 가시와 뼈와 뿌리는 사료로 쓸 수 없고 발효시킬 수도 없다. 이처럼 재활용이 불가능한 것과 재활용이 가능한 것을 섞어서 버리는 '혼합배출' 행태는 쓰레기 처리 비용을 높이고 추가적인 에너지 소비를 발생시킨다.

음식물 쓰레기 재활용은 '했으면 좋겠다'라는 마음으로 되는 것이 아니라 현재의 기술이 허락하는 선에서만 가능한 일이다. 이를 간과하고 내가 소망하는 대로 하려고 하면 오히려 재활용률을 낮추고 오염을 발생시키는 결과를 낳는다.

우리가 쓰레기 처리 과정에서 실수를 하게 되는 이유는 결코 이기심이나 무관심 때문이 아니다. 오히려 자연을 사랑하기 때문에 이런 일이 발생한다. 자연을 사랑하는 마음이 있기 때문에 '이것도 재활용했으면 좋겠는데', '이건 퇴비로 쓰면 좋지 않을까'라는 생각을 하는 것이다. 자연을 사랑하고 자연스러운 순환의 연쇄를 촉발하고 싶기 때문에 일반 쓰레기통에 달걀 껍데기를 버리면서 아까운 마음에 망설이곤 한다.

또한 우리가 매일같이 스스로 만들어낸 쓰레기를 보며 산다는 사실도 우리를 압박해 잘못된 행동으로 이끈다. 오늘날 전 세계에서 생산되는 식량의 3분의 1이 버려진다. 음식물 쓰레기는 생산·유통·소비의 전 과정에서 발생하는데, 영국이나 미국, 우리나라처럼 잘사는 나라에서는 소비자가 배출하는 양이 압도적으로 많다. 미국 측 자료에 따르면 생산 과정의 음식물 쓰레기 발생 비중은 전체의 20퍼센트이고 가공 과정이 1퍼센트, 유통 과정은 19퍼센트를 차지한다. 나머지 60퍼센트의 쓰레기는 소비자 손에서 버려진다.

우리의 식생활을 한번 생각해보자. 과연 우리가 통계로 나타나는 것만큼 많은 양의 음식을 먹지 않고 버리고 있을까? 정말로 내가 남기는 음식이 그 정도로 많나? 그렇지 않다. 우리나라 사람들은 음식을 많이 해서 배 터질 때까지 먹고 한 명 정도는 더 먹여도 될 만큼 남기는 사람들이 아니다.

물론 과거에는 음식점에서 너무 많은 양의 음식을 제공해서 손님들이 각종 반찬을 다 먹지 못하고 남기는 일이 잦았지만 이런 문화는 이미 1990년대에 개선됐다. 우리는 전통적으로 음식 남기면 죄받는다는 사고방식을 가진 나라 사람들이다. 음식은 남기지 말고 다 먹으라는 밥상머리 교육을 받고 자라난 덕분에 남은 음식을 보면 불쾌함을 느끼는 사람들이다.

우리가 버리는 음식물 쓰레기는 음식을 이토록 깨끗이 먹는 데도 남는 것들이다. 밥을 싹싹 긁어 먹고 남은 반찬을 보관해가며 깨끗하게 다 먹어 치우는데도 신기하게 항상 음식물 쓰레기통을 꽉꽉 채울 정도로 쓰레기가 나온다. 결국 우리가 버리는 음식물 쓰레기의 상당 부분은 생선 가시와 채소 뿌리, 조개껍데기, 닭 뼈 등 사람이 먹지 않는 부분들로 이루어진다. 음식물 쓰레기는 우리의 부도덕함을 상징하지 않는다. 음식물 쓰레기통은 그저 우리가 먹고살기 위해 불가피하게 쓰레기를 배출하는 존재임을 깨닫게 해주는 물건일 뿐이다.

이와 같은 삶의 불가피성 앞에 우리는 왠지 모를 죄책감을 느끼고 일말의 소망을 담아 생선 가시와 채소 뿌리, 조개껍데기, 닭 뼈를 음식물 쓰레기로 버리게 된다. 사람이 소망에 따라 행동하는 것은 심리학적으로 매우 자연스러운 현상이다. 하지만 음식물 쓰레기 배출에서는 우리의 소망을 억누르고 현행 음식물 쓰레기 분류 체계에 자신을 철저히 적응시키는 일이 중요하다.

세상에 분리수거를 어떻게 해야 하는지 정확히 아는 사람은 드물다. 재활용품을 처리하는 기계들이 어떻게 생겼는지 다 알 수도 없고, 재활용품이 어떤 화학식을 거쳐 재활용되는 것인지 짐작도 하기 힘들다. 그러므로 우리가 취할 수 있는 최선의 친환경 행동은 각 지방자치단체 또는 아파트 단지와 주택 단지에서 재활용으로 수거하는 항목을 정확히 파악하고 분류해서 버리는 것이다.

환경부가 배포하는 〈재활용품 분리배출 가이드라인〉 한 부쯤은 다운로드해 보관하자. 우리나라에서 발생하는 대부분 쓰레기를 어떻게 처리해야 하는지 일목요연하게 정리한 문서다. 이에 따르면 다음의 물품은 재활용으로 버려서는 안 되고 꼭 종량제 봉지에 담아 버려야 한다.

종량제 봉투에 담아야 하는 물품

가_ 가발, 가위(여러 재질이 섞인 경우), 걸레, 고무장갑, 골프공

나_ 나무국자, 나무도마, 나무젓가락, 나무빗, 나무, 나침반, 낙엽, 냄비뚜껑(강화유리)

다_ 달걀 껍데기, 돋보기

라_ 라이터(다 써야 함), 랩(사용 후)

마_ 마스크, 마우스패드, 마커펜, 만년필, 면도기(일회용), 면도칼(종이로 감싸서), 명함(플라스틱 합성지), 명함 지갑

바 바둑판, 방석, 배드민턴공, 벼루, 보온병, 볼펜, 붓, 비닐 장판, 비닐 코팅 종이

사 사인펜, 사진, 사진 인화지, 생선 가시, 샤프펜슬, 성냥, 솜, 송곳, 수세미, 숯, 스펀지, 시계, 식물, 신발

아 아이스팩, 악기(소형), 애완동물 용변 시트, 액자, 앨범, 야구공, 야구 글러브, 야구 배트, 양초, 에어매트(소형), 연필, 연필깎이, 오렌지 껍질, 요가매트, 우산(분리 불가능일 경우), 이불(소형), 인형(소형)

자 자석, 장난감(재질별 분리가 어려울 때), 전기 코드류, 전동 칫솔, 전자피아노(소형), 접착제, 젖꼭지(아기용품), 조각칼, 종이 기저귀, 줄자(재질별 분리가 어려울 때), 지우개

차 차 찌꺼기, 체온계(건전지는 전용 수거함으로), 체중계(소형), 축구공, 침구류(소형), 칫솔

카 카펫(소형), 커튼(소형), 커피 원두 찌꺼기, 코르크 마개, 코팅된 종이, 콘센트, 콘택트렌즈, 쿠션(소형), 크레용

타 텐트(소형), 틀니, 티백

파 파인애플 껍질, 필름, 포일(사용 후)

하 핫팩, 헝겊류, 헬멧(재질별 분리 권장)

혼합배출을 줄이는 일은 세계에서 재활용을 가장 잘하는 민족 가운데 하나인 우리가 그 탁월함에 화룡점정을 찍을 수 있는 일이다. 재활용했으면 싶은 것들을 쓰레기통에 넣을 때마다 아깝고 안타깝더라도 정해진 룰을 따르자.

이와 같은 안타까움을 극복하는 요령은 첫째로 지금 내가 하는 일이 최선의 행동임을 되새기는 것이고, 둘째로 아예 쓰레기를 줄이는 것이다. 합성지 컵라면 용기와 달걀 껍데기를 일반 쓰레기로 버리는 일은 오늘날의 기술적 한계에서 우리가 할 수 있는 최선의 친환경 행동임이 분명하다. 또한 배달용 플라스틱 수저 안 받기나 장바구니 쓰기, 텀블러 쓰기 등 쓰레기를 줄이는 행동도 작지만 분명한 의미를 갖는 일들이다.

인 간 이
퍼 뜨 릴 수
있 는 것 들

10

지나간 자리가 아름다운 사람

동물들은 대부분 씨앗 퍼뜨리기를 할 줄 안다. 그중에서도 가장 귀여운 방식으로 씨앗을 퍼뜨리는 녀석은 다람쥐가 아닐까. 다람쥐는 도토리를 좋아한다. 참나무에 도토리가 열리면 다람쥐는 양껏 먹고 배를 채울 뿐만 아니라 겨울철에 꺼내 먹으려고 땅속 여기저기에 묻어두기도 한다. 그런데 다람쥐는 자기가 도토리를 어디다 묻어놓았는지 다 기억하지 못한다. 요 녀석들이 깜빡깜빡하는 덕분에 도토리가 묻힌 곳에서 참나무들이 자라난다.

씨앗 퍼뜨리기에서는 아무거나 잘 먹는 잡식성 동물들이 특출한 능력을 보인다. 원숭이들은 나무 위에서 과일을 따 먹고 숲 바닥 여기저기다 씨를 뱉어 퍼뜨린다. 뭐든 잘 먹는 곰들은 열매와 과일을 잔뜩 먹고 대량의 똥을 숲 여기저기에 싸놓는다. 천연 거름을 머금은 씨앗들이 여기저기서 나무며 덤불로 쑥쑥 자라난다.

이런 이야기를 듣다 보면 사람은 자연을 위해 뭘 할 줄 아나

어! 방금 내가 어디다 묻었지?

싶은 생각이 들 수도 있다. 그러나 인간만큼 퍼뜨리기를 잘하는 생명체도 달리 없다. 사람은 씨앗도 잘 퍼뜨리고 동식물도 널리 퍼뜨린다. 씨앗과 동식물은 수천 킬로미터를 이동하거나 바다를 건널 능력이 없지만 인간은 마음만 먹으면 어떤 동식물이든 목표한 곳으로 옮겨다 놓을 수 있다.

　오히려 사람은 퍼뜨리는 능력이 너무 뛰어나서 문제가 되곤 한다. 사람이 이리저리 옮겨놓은 동식물이 침입종이 되어 현지의 자생종을 위협하는 일이 잦다. 또한 사람은 자기들이 좋아하는 작물과 가축으로 아예 지구를 뒤덮어버릴 수 있는 능력도 갖추고 있다. 질병을 퍼뜨리는 데에도 일가견이 있는 것은 물론이다. 이런 이유로 인간의 퍼뜨리기 능력은 언뜻 지구 환경에 해로운 것으로 보이기도 한다.

특정 지역의 생태계에 마치 점령군처럼 침공해 들어온 외래 종을 가리키는 말이다. 외지에서 유입된 종들이 간혹 뜻밖의 유토피아를 발견하는 경우가 있는데("우리가 먹을 건 많은데 우릴 잡아먹을 천적은 없잖아!") 침입종의 공세가 시작되면 생태계가 크게 흔들리기 때문에 이들을 생태계 교란종이라고 부르기도 한다.

우리나라에 쳐들어온 유명 침입종으로 황소개구리가 있다. 1970년대에 유입된 이후 커다란 몸집을 무기 삼아 토종 양서류들을 몰아내고 습지의 제왕 자리를 차지했다. 하지만 유입된 소수의 개체에서 출발했기에 근친교배를 거듭하며 유전적으로 취약해졌고, 우리나라 토종 조류와 뱀이 황소개구리를 잡아먹기 시작함으로써 21세기에 들어와 개체 수가 줄어든 것으로 파악된다.

하지만 이런 능력을 좋은 쪽으로 활용할 경우에는 파급력이 어마어마하다. 나무를 심기로 작정하면 순식간에 숲을 만들 수 있다. 소백산 여우의 사례에서 보듯 자생지에서 멸종된 동물을 재도입해 생태계를 재건하기도 한다. 동식물을 퍼뜨리는 것 외에 지식과 기술을 퍼뜨릴 줄도 알고 문화를 전파할 줄도 안다.

친환경 행동에 관해서라면 우리가 퍼뜨리기에 적합한 두 가지 이로운 것이 있다. 돈과 친환경 생활 습관이다. 먼저 돈 퍼뜨리기에 대해 알아보자.

자연을 즐기되 훼손하지 않는 공정 여행

작년 여름 초엽의 어느 날, 나는 그해 들어 처음으로 선크림을 바르고 외출을 했다. 그런데 무심히 길을 걷던 중 갑자기 가슴 한쪽이 아려오기 시작했다. 왜 갑자기 그런 느낌이 드는지 심리 학자답게 자신을 살펴본 결과 나는 선크림 냄새 때문이라는 결론을 내렸다. 내 머릿속에서 선크림 냄새는 여행의 두근거림과 강하게 연합된 자극이다. 선크림 냄새가 나니 신경계가 반사적으로 여행과 관련된 정서를 떠올리고, 동시에 이런 마음과 여행을 박탈당한 현실의 괴리가 가슴에 사무친 것이다. 이 정도면 증세가 상당히 심각하다고 할 수 있다.

코로나 시대에 우리는 2년 이상 여행 없는 삶을 살았다. 코로나 때문에 여행이 멈추자 온실가스 배출 감소와 같은 일부 긍정적인 결과가 파생되기도 했다. 여행의 대표적 교통수단인 비행기는 많은 온실가스를 배출한다. 간단히 말해 비행기는 대략 승객 한 사람 한 사람이 비행기로 이동하는 거리를 각자 자가용으로 주행했을 때 배출하는 양을 다 합친 것만큼의 온실가스를 뿜어낸다. 그래서 코로나 팬데믹으로 비행기가 다니지 않게 되자 세계적으로 온실가스 배출량이 눈에 띄게 줄어들었다.

하지만 이런 긍정적인 효과를 넘어서는 부정적인 현상들이 지구 곳곳에서 관찰되고 있다. 지구 환경이라는 측면에서나 인류 행복이라는 측면에서 보기에도 부정적인 결과들이다.

코로나 팬데믹은 많은 이들의 생명을 위협하고 많은 사망자를 냈다. 인류의 행복을 중심으로 봤을 때 이만큼 비극적인 일은 없다. 지구 환경을 중심으로 봤을 때도 결코 긍정적이지 않은 일이다. 코로나 팬데믹처럼 사람이 자신의 기대 수명을 짧게 지각하도록 만드는 사건은 출산율을 높여 세계 인구를 증가시키는 결과를 가져오기 때문이다. 불과 얼마 전까지도 개발도상국 사람들은 전쟁과 자연재해와 에볼라와 에이즈를 겪으면서 여성 한 명당 아이를 일곱 명씩 낳는 삶을 이어왔다는 사실을 기억하자. 개발도상국의 출산율이 급격히 감소한 것은 이들 나라가 안정을 찾아가며 경제를 발전시킨 결과이지 거듭된 재해와 질병에 시달린 결과가 아니다.

또한 코로나 팬데믹은 많은 이들을 더 가난하게 만들었다. 우리나라는 코로나 시대를 맞이해 오히려 돈을 벌어들인 나라에 속한다. 하지만 국제 교역과 금융을 통해 돈을 벌어들일 수 있었던 사람들 외에 많은 수의 서민과 자영업자가 커다란 고통을 겪었다는 사실을 누구나 알고 있다. 한편 가난한 나라들은 코로나 팬데믹 때문에 우리나라보다 훨씬 심한 고통을 겪고 있다. 여기에는 여러 가지 복합적인 요인이 작용하는데, 가장 단순하게는 여행 수입이 없어졌기 때문이다.

개발도상국들은 여행 산업 의존도가 높다. 웬만한 개발도상국은 기본적으로 외화벌이의 10퍼센트 이상을 여행 산업에 의존한다. 스리랑카처럼 의존도가 높은 나라는 여행 산업으로 벌어들이는 돈이 전체 외화 수입의 20퍼센트 이상을 차지한다. 우리나라나 일본처럼 외화 수입의 5퍼센트 정도를 여행 산업에 의지하는 선진국들과는 의존도 차이가 너무도 크다. 외화 수입의 10퍼센트를 차지하는 산업이 없어지는 것은 마치 일본이 자동차를 한 대도 못 파는 것과 같고, 20퍼센트를 담당하는 산업이 없어지는 것은 우리나라에서 반도체를 포함한 전자제품 산업이 소멸하는 것과 같다. 여행이 사라지며 가난한 나라들이 받은 충격이 어느 정도일지 충분히 짐작해볼 수 있는 대목이다.

나아가 선진국들은 특정 산업에서 커다란 피해를 입었다고 해도 다른 산업을 통해 이를 벌충하거나 피해를 복구할 기술력과 인력, 자금력이 있지만 가난한 나라들은 그중 어떤 것도 가지고 있지 않다. 당장 경제에 큰 타격을 받은 가난한 나라들은 그만큼 자연을 더 수탈하고 가지고 있는 에너지 자원을 총동원해서 경제를 일으켜야 한다. 가난한 나라의 불행은 곧 지구의 불행이다.

이런 이유로 우리는 여행이 사라진 후에 오히려 여행이 가진 긍정적 가치를 돌이켜보게 되었다. 여행은 여행자들에게는 크나큰 행복을, 가난한 나라에는 막대한 돈을 가져다주는 행위이자 산업이다. 여행 산업으로 돈을 벌기 시작한 개발도상국은 자연히 경제 성장뿐만 아니라 이들 나라에 절실히 필요한 정치 발전을 이룰 수 있다. 여행을 통해 각국의 실상이 널리 알려지면 독재자와 부패한 기득권층이 멋대로 설칠 수 없기 때문이다. 여행자들이 여행지와 정서적 유대감을 쌓아나갈수록 이와 같은 긍정적인 압력이 강화된다. 그 나라 사람들이 내 친구들처럼 느껴지기에 관심을 갖고 목소리를 내게 된다.

가난한 나라들이 세계와 연결되지 못하고 가난에서 빠져나오지 못한다면, 그 나라 사람들은 화전으로 숲을 갈아엎고 야생동물을 밀매하며 살 수밖에 없다. 반면에 여행은 가난한 나라에 수입을 안겨주고 이들 나라를 보다 개방적으로 만들며 국립공원을 만들고 야생동물을 보호하도록 이끈다.

이처럼 여행을 하면서 여행지의 공동체와 자연에 긍정적인 영향을 미치는 것을 지속 가능한 여행 또는 공정 여행이라고 부른다. 여행자를 행복하게 해준다는 조건과 더불어 '좋은 여행'을 구성하는 필수 요건이라고 할 수 있다.

공정 여행의 가치가 십분 발휘되는 경우는 물론 우리가 개발도상국으로 여행을 떠날 때다. 개발도상국을 여행지로 선택하는 일 자체가 돈 퍼뜨리기에 해당하지만, 그곳으로 여행을 가서도 돈을 잘 퍼뜨려야 한다는 점을 기억할 필요가 있다. 즉 호텔이나 여행사에 돈을 뭉텅이로 가져다주거나 일부 특산품을 쇼핑하느라 바가지를 쓰지 말고 최대한 여행지 서민들의 손에 돈이 들어갈 수 있도록 여기저기에 나누어 돈을 쓰라는 이야기다. 이

곳저곳의 로컬 식당에서 음식을 사 먹고 이런저런 공예품을 사고 학교와 복지시설에 기부도 하다 보면 자연스럽게 이런 목표를 달성할 수 있다.

개발도상국뿐만 아니라 미국, 일본, 프랑스를 여행하면서도 공정 여행, 지속 가능한 여행의 가치를 지킬 수 있다. 자연을 향유하는 여행을 통해서다. 자연을 즐기되 훼손하지 않는 여행을 하다 보면 자연을 사랑하는 마음이 더욱 깊어진다. 자연이 선물한 이 따뜻한 느낌을 바탕으로 우리는 친환경 행동에 나서고 친환경 생활 습관을 만들어나가게 된다.

그렇다면 한발 더 나아가 개발도상국의 자연으로 여행을 해 보면 어떨까? 개발도상국의 자연을 여행하는 일은 자동차 덜 타기 등과 함께 사실상 우리가 할 수 있는 최적의 친환경 행동이라고 할 수 있다.

스리랑카의 산과 정글로, 인도네시아 여러 섬의 아름다운 해변과 산호초로 여행을 떠나자. 이들 나라 국민 중에서도 여행자의 도움을 가장 필요로 하는 사람들이 이처럼 자연의 원형이 잘 보존된 곳에 산다. 자연을 즐기기 위해 여행을 하는 사람들이 늘어나면 그곳 사람들도 자연을 훼손하기보다 그 아름다움을 지키며 관광 자원으로 보존하는 쪽으로 행동하기 마련이다.

우리는 가장 가난한 나라들에서 화전으로 정글이 사라지는 것을 막을 수 있고 물고기의 남획으로 해양 생태계가 파괴되지 않게 하며 멸종 위기종의 밀렵을 막을 수 있다. 대형 관광객 전용 식당에 가서 천산갑 고기를 내놓으라고 패악질을 부리지만 않는다면 개발도상국의 자연으로 여행하는 모든 여행자가 이런 긍정적인 결과를 불러올 수 있다.

환경을 생각하는 사람이라면 비행기가 내뿜는 온실가스가 여전히 걱정스러울 것이다. 전 세계 모든 사람이 비행기를 타지 않게 되면 세계 온실가스 배출량이 1.5퍼센트 가까이 줄어드는 게 사실이다. 비행기가 내뿜는 온실가스가 지난 30년간 2배 이상 증가했다는 점도 거슬린다. 하지만 여행을 안 하고 돈 퍼뜨리기를 안 하는 대가로 온실가스 1.5퍼센트를 감축한다면 그 충격이 얼마만큼의 환경 비용으로 돌아올지 짐작조차 하기 어렵다. 여행 때문에 감축하지 못한 1.5퍼센트에 전전긍긍하느니 친환경 생활 습관을 통해 10퍼센트를 감축할 방법을 고민하는 편이 현명하다.

조금 불편하더라도 가난한 나라의 숲과 국립공원과 산호초로 여행을 떠나자. 돈을 퍼뜨려 그곳의 사람들을 돕고 그곳의 자연을 지키자. 그리고 자연에 대한 사랑을 키워 친환경 행동의 따뜻한 동력으로 삼자. 우리가 여행을 되찾는 그날부터 당장 이 새로운 행복 여행에 나서보자.

친환경 습관을 퍼뜨리는 대화의 기술

마지막으로 살펴볼 친환경 행동 습관은, 친환경 행동 습관을 퍼뜨리는 습관이다. 친환경 습관을 퍼뜨리는 일은 에너지 아끼기와 폐기물 줄이기, 공정 여행만큼이나 중요하다. 나 한 사람이 친환경 행동가가 되는 것도 멋진 일이지만, 내가 나서서 세 사람의 친환경 행동가를 만들어낼 수 있다면 그야말로 기가 막히게 근사한 일 아니겠는가?

친환경 습관을 퍼뜨리는 방법은 일단 행동으로 보인 뒤에 말로 잘 설득하는 것이다. 우리 한 명 한 명이 환경 투사처럼 열렬히 환경운동에 나서야 한다는 말이 아니다. 일상생활을 통해 자연스럽게 친환경 행동을 하고, 행동에 이어지는 자연스러운 소통 과정에서 사람들의 마음을 움직일 수 있게끔 몇 마디를 주고받으면 된다.

사람 100명이 한 방향으로 걸어가고 있는데 단 세 사람만 반대 방향으로 걷는다면 눈에 띄게 마련이다. 사람은 평소 남들의 평범한 행동에는 관심을 두지 않다가 눈에 띄는 행동을 하는 사람을 보면 왜 그런 일을 하는지, 그런 일을 하는 사람은 어떤 사람인지 궁금증을 품게 된다. 우리는 누군가의 특이한 행동이나 값비싼 신호를 접했을 때 단지 그 행동을 신기하게 바라보기만 하는 것이 아니라 이면에 자리한 스토리와 캐릭터를 추론하려 한다.

추론을 해보고, 가끔 무시도 해보고, 그래도 끝내 무시할 수가 없어서 궁금증을 참지 못할 지경이 되면 눈에 띄는 행동을 하는 사람을 붙잡고 "그런데요, 왜 조깅을 하다가 쓰레기를 줍는 거예요? 그거 정말 하고 싶어서 하는 거예요?"라고 물어볼 수밖에 없다. 행동이 먼저고 설득의 기회가 뒤따라온다는 말은 이런 뜻이다.

다른 이들이 무덤덤하게 일상에 매진할 때 친환경 행동을 한다면 이는 눈에 띄는 행동을 하는 것이다. 사람들은 이런 행동에 호기심을 갖고 행동의 이유를 궁금해하며 어떤 마음으로 그런 행동을 하는지를 생각하게 된다.

"언니는 왜 밥을 해서 따로 퍼놔요? 밥솥에 보온모드 있잖아요."

"오늘은 왜 차를 안 타고 왔어? 날씨도 더운데."

"비닐봉지 필요 없으세요? 환경운동 하시는 분인가 보다."(내가 실제로 우리 동네 김밥집에서 들은 말이다.)

"거기 위험하지 않아? 사람들이 막 손으로 똥 닦는 나라 아니야?"

이제 우리가 질문에 답을 할 차례다. 여기서 말만 잘하면 여러 사람 이쪽으로 끌어올 수도 있고 말 조금 잘못하면 꼰대 취급을 받을 수도 있다. 어떻게 대답하면 좋을까?

한 가지만 명심하자. '꼰대'가 왜 꼰대인가. 도무지 말에 설득력이 없기 때문에 꼰대다. 꼰대의 말에 설득력이 없는 것은 꼰대들이 애초에 설득을 하려고 대화하는 게 아니기 때문이다. 꼰대의 커뮤니케이션은 자기 권위를 세우고 행동의 정당성을 인정받는 데 초점이 맞추어져 있다. 꼰대는 자기 기분 좋으라고 대화를 한다. 이들은 남에게 사실을 전달하거나 다른 사람에게 동기부여를 할 생각이 없다.

친환경 행동에 대해 설명할 때는 절대 꼰대가 되지 말자. 우리의 대화 목표는 다른 사람들도 친환경 행동에 나서도록 격려하는 것이지 자신의 높은 도덕성과 깨어 있는 지성을 전시하기 위함이 아니다. 자신을 치켜세우기 위해 대화를 하는 사람은 꼰대가 되고, 다른 사람에게 영감을 불어넣고 마음을 움직이기 위해 대화하는 사람은 리더가 된다. 우리가 남들보다 먼저 친환경 행동을 시작했다면 이 방면에서 리더가 되어야지 꼰대가 되어서는 안 된다. 친환경 꼰대가 되는 말들과 각각의 역효과를 살펴보면 다음과 같다.

"사람이 환경을 생각해야지, 안 그래요? 내가 좀 불편해도 항상 내 행동이 어떤 결과를 불러올지 생각을 하고 살아야죠."

본인의 도덕적 우월성을 강조하는 대화 방법이다. 이런 식으로 내 의도의 우월성을 드러내는 말은 곧 상대의 도덕적 지위를 깎아내리는 말이다. 듣는 사람은 기분이 나쁘다. '지가 뭔데 나를 도덕적으로 열등한 존재로 판단하나' 싶어진다. 사람의 도덕성에 대한 공격은 그 사람의 신체와 소유물에 대한 위협만큼이나 중대한 위협으로 다가온다.

또한 위와 같은 말은 아직 규범으로 정해지지 않은 것을 규범이라고 주장하는 의미도 내포하고 있다. 인간은 사회적 규범을 준수하는 능력이 아주 뛰어난 덕분에 공동체와 사회를 이룰 수 있었다. 하지만 누구도 자신의 의사가 반영되지 않은 상황에서 은근슬쩍 새로운 규범이 수립되는 일을 좋아하지 않는다. 하물며 규범 아닌 것을 들이대면서 자기는 이를 지키는데 당신은 왜 안 지키느냐고 하는 말이 효과가 있을 리 없다.

"기후변화가 이미 돌이킬 수 없는 선을 넘었답니다. 우리가 경각심을 가지고 행동해야죠."

공포 메시지다. 경각심을 갖게 하기는커녕 왜 친환경 행동을 해야 하는지 도무지 알 수 없게 한다. 공포 메시지는 환경문제를 해결하려는 친환경 행동을 격려하는 것이 아니라 변화하는 세상에서 나 혼자 살아남고자 하는 적응 행동을 불러일으킨다.

"난 운전 안 해. 사람들이 다 차를 끌고 다니니까 숲이 사라지잖아."

듣는 사람들에게 무망감과 반감을 불러일으킬 대책 없는 죄책감 메시지다. "네가 살아 있기 때문에 숲이 사라져요"라고 말하거나 "엄마한테 동생은 절대 낳지 마시라고 해"라고 말하는 것과 똑같다. 듣는 사람에게 친환경 효능감을 불어넣지 못하는 메시지로, 발화자의 도덕적 우월성을 강조할 뿐 듣는 사람의 변화를 이끌지 못한다.

이와 같은 말들은 삼가고, 대신 다음과 같은 말로 친환경 리더가 되자.

"차량 자율 5부제를 해봤더니 교통비가 확 줄어들었어요."

"자전거를 타고 출퇴근을 하니까 기분이 얼마나 좋은지 몰라요."

"자주 걸어 다니니까 몸무게도 줄고 허리 아픈 것도 덜해."

"야, 밥솥 보온모드 안 쓰니까 전기요금이 반밖에 안 나오더라."

"그냥 조깅하는 거에 비해서 플로깅이 훨씬 좋아. 조깅만 하면 아무리 좋은 노래를 들어도 힘들고 지루하잖아. 플로깅을 하면 포켓몬 하면서 조깅하는 것 같다니까."

"카풀을 시작한 뒤로 회사 사람들이 저보고 아침부터 안색이 환하고 기운차 보인다고 그러더라고요."

"내가 몇만 원 기부할 때마다 레서판다들이 밥 한 끼 더 먹는다고 생각하면 기분이 얼마나 좋은데. 상상만 해도 흐뭇하잖아."

"분리수거를 딱딱 정확하게 하고 나면 이상하게 기분이 시원하단 말야."

"이것저것 아껴서 모아보니까 금세 수십만 원이 되더라. 지금까지 이 돈을 뭐하러 낭비하고 있었나 싶더라고."

"지난번에 거기 갔을 때 매일같이 거북이랑 수영했거든. 처음에 물속에서 보면 거북이가 좀 무섭기는 한데, 계속 보다 보면 그렇게 귀여울 수가 없어요. 그래서 다시 가는 거지."

이는 모두 친환경 행동이 불러일으키는 긍정적 정서 또는 친환경 행동의 현실적 이익을 강조하는 말들이다. 친환경 행동이 얼마나 따뜻하고 기분 좋은 것인지 이야기하고 금전적·사회적 이익과 건강상의 이점도 가져다준다는 점을 전하자.

친환경 행동의 긍정적 측면들은 사람들의 귀를 솔깃하게 하고 '나도 한번 해볼까?'라는 생각을 품게 하는 강력함을 지니고 있다. 멸망이 다가온다고 목청껏 외치고 그게 옳은 일이라고 아무리 강조해도 이루지 못하는 일들을, 우리는 친환경 행동이 가지고 있는 따뜻한 에너지를 빌려 해낼 수 있다. 실효성 있는 친환경 생활 습관을 퍼뜨리고 사람들의 친환경 효능감이 넘쳐나게 하는 일은 생각보다 어렵지 않다.

산책을 떠나요

자연을 사랑하고 자연이 주는 감동을 누리는 특권은 지구상에서 오직 인간에게만 허락되어 있다. 이 가슴 벅찬 특권으로부터 지구 환경의 미래에 대한 희망과 친환경 행동에 대한 자신감이 샘솟는다. 우리의 사랑과 희망과 효능감은 공포와 수치심과 좌절감을 뛰어넘어 지구의 인간과 식물과 동물의 운명을 바꿀 원동력이 될 것이다.

우리의 행동은 결국 우리가 세상을 어떻게 바라보느냐에 달려 있다. 사회학자들과 심리학자들이 흔히 말하는 '세계관(worldview)'의 문제다. 세상을 어떻게 보느냐, 인간이 이룬 문명과 공동체를 어떻게 생각하느냐, 생태계를 어떻게 바라보느냐, 무엇보다 인간을 어떻게 보느냐에 따라 우리가 자연을 위해 어떻게 행동할 것인지가 결정된다.

핵심적인 부분은 변화의 가능성을 긍정하느냐 부정하느냐다. 인간의 본능은 변하지 않는다는 생각, 인간은 끝없이 에너지 소비를 늘려야만 하는 존재라는 생각, 문명과 자연은 충돌하는 것이며 인류가 생존하는 한 지구 환경의 파괴는 막을 수 없다는 생각은 우리를 마비시킨다. 사람은 원래 숲을 훼손하고 동물을 사냥하는 일밖에 할 줄 모르는 존재이며 앞으로도 영원히 그럴 거라고 생각한다면, 우리는 미래를 향해 단 한 발자국도 내디딜 수 없다.

세상에는 이와 같은 마비의 세계관을 적극적으로 퍼뜨리는 사람들이 있다. 기후변화 부정론자들이 그렇고, 그 반대편에 있는 극단적 환경주의자들이 그렇다. 이들은 서로 다른 이유에서 똑같은 세계관을 전파하려 한다. 기후변화 부정론자들은 우리가 과거를 답습하게 하고 싶어 한다. 이들은 환경 따위 생각지 않고 앞만 보고 달려왔던 과거를 그리워한다. 이들이 향수를 품고 있는 광기의 성장주의 시대는 이미 오래전에 저물었는데도 말이다.

반대로 극단적 환경주의자들은 우리의 경각심을 일깨운다는 미명하에 공포 메시지를 남발한 나머지 자신들이 만들어낸 공포 메시지에 자신을 가두었다. 이들은 다수의 사람과는 다른 세계에 사는데, 바로 2030년부터 지구가 돌이킬 수 없는 환경 재앙에 빠져드는 세계다. 자신들이 바꿔보려고 시도해봤지만 철저히 실패했다고 말하면서 인간은 바뀔 수 없는 존재라고, 인간은 근시안적이고 이기적인 존재이므로 지구에 존재할 가치가 없다고 성토한다.

두 진영이 바탕을 둔 세계관이 똑같기 때문에 어느 쪽 이야기를 듣든 차이가 없다. 이들의 이야기에 따르면 우리는 미래의 지구 환경에 대해 할 수 있는 일이 아무것도 없다. 그저 하던 대로 살거나, 급격히 다가오는 재앙을 넋 놓고 기다리거나, 갈수록 살기 퍽퍽해지는 지구 환경에 맞추어 내 한 몸이나 챙기고 가족의 이익을 보존하면서 사는 수밖에 없다.

반환경주의 진영과 극단적 환경주의 진영이 끝없이 "세상은 바뀌지 않는다!", "우리의 미래는 정해졌다!", "인간은 예나 지금이나 철저히 이기적인 존재이며 앞으로도 그럴 것이다!"라고 외쳐대고 있지만, 현실은 이들의 이야기와 극명하게 다르다. 인간과 문명과 생태계는 한 가지 성질을 공유한다. 끝없이 진화한다는 것이다. 우리가 인간의 가장 근본적인 습성이 무엇이라고 생각하든 간에 그 습성마저도 변화할 수 있다.

인류 역사를 1,000년만 돌려보라. 그때 그 사람들은 타민족을 노예로 삼아도 된다고 생각했고 자기와 종교가 다른 사람들은 죽여 마땅하다고 여겼다. 공동체 간의 갈등을 해결하는 방법은 당연히 전쟁이었고, 전쟁 중에는 죄의식 없이 남자와 아이를 학살하고 여자를 강간했다.

역사를 100년만 돌린다고 해도 그때 그 사람들은 사람의 출생에 따라 신분이 정해진다 믿었고, 가정 폭력은 그저 집안일일 뿐이라고 생각했으며, 호랑이는 쏴 죽여야 하고 숲은 불태워야 하는 것으로 간주했다. 지금으로부터 30년 전 베를린 장벽이 무너지기 전만 해도 사람은 이념에 죽고 이념에 살아야 하는 존재였건만, 지금 와서 생각해보면 왜 우리가 그렇게 살았는지 이해할 수가 없다.

그동안 사람은 변해도 너무 변했다. 그리고 동식물에게 진화가 궁극적으로는 더 긍정적인 변화를 낳는 방향으로 작용하듯이 인류와 인류 문명 또한 보다 긍정적인 방향으로 변화했다.

인류의 최대 강점은 초사회성이다. 인류의 역사는 더 많은 사람이 서로의 차이를 견디고, 서로의 강점을 이해하고, 서로 협력할 방법을 발견하는 과정이었다. 인류는 다른 부족과 손잡는 방법을 익히고 다른 도시와 교역할 방법을 찾아냈으며 결국 다른 나라, 다른 종교, 다른 민족, 다른 인종, 다른 이념, 다른 성별, 그리고 인간이 아닌 다른 존재들을 인정하고 이해하고 포용하고 정을 붙이기에 이르렀다.

오늘날에는 많은 이들이 자연에 대한 사랑을 적극적으로 표현하고 친환경 생활 습관을 갖추기 위해 노력하고 있다. 그건 우리가 그렇게 생겨먹은 존재이기 때문이다. 초사회성을 최대 강점으로 지닌 존재, 인정하고 이해하고 포용하고 정 붙이는 대상을 넓혀나가는 존재, 그렇게 함으로써 끊임없이 긍정적으로 변화하는 존재.

나는 친환경 행동이 강아지 산책과 닮았다고 생각한다. 20년, 아니 10년 전만 해도 우리나라에서 강아지를 산책시키는 사람은 그리 많지 않았다. 우리는 원래 개를 묶어놓고 키웠다. 개를 가족으로 받아들이고 사랑하는 일 자체가 낯설었다. 하지만 이제는 개를 키우는 사람 대부분이 개와 산책을 한다. 우리 삶의 의미와는 별 관련이 없던 동물 종 하나가 이제는 한 식구로서 일상과 행복과 미래를 공유하는 존재가 된 것이다.

　지금이라도 당장 강아지를 데리고 산책을 나가보자. 차는 주차장에 그대로 두고 전깃불은 다 끄고 멀티탭도 내린 뒤에 강아지 목줄을 채우자. 산책을 하다가 벤치에 앉아 쉬며 가만히 지금 이 시간의 행복을 곱씹어보자. 어떤 에너지도 쓰지 않고 어떤 오염도 발생시키지 않는 상태로 우리가 새로이 사랑을 주기 시작한 동물과 함께 앉아 눈을 감고 숨을 고르자. 그리고 지구가 숨을 쉬는 소리를, 맹그로브 숲이 북상하며 탄소를 흡수하는 광경을, 꼬리를 목도리처럼 두르고 잠을 자는 레서판다의 모습을, 인도양의 바다에서 내게 인사하던 거북이를, 우리의 집요한 친환경 행동이 모여 만들어질 더 나은 미래를 상상해보자.

읽어보기

이 책의 여러 챕터에서 논의의 주제가 된 도서 목록은 다음과 같다. 서론에서 다룬 붕괴론자 이브 코셰의 발언은 아래 시릴 디옹의 책에서 재인용한 것임을 밝혀둔다.

데이비드 월러스 웰즈, 《2050 거주불능 지구》(김재경 옮김, 추수밭, 2020)

시릴 디옹, 《작은 행성을 위한 몇 가지 혁명》(권지현 옮김, 갈라파고스, 2019)

마이클 셸런버거, 《지구를 위한다는 착각》(노정태 옮김, 부키, 2021)

레이첼 카슨, 《침묵의 봄》(김은령 옮김, 에코리브르, 2011)

커크 월리스 존슨, 《깃털 도둑》(박선영 옮김, 흐름출판, 2019)

이 외에 본문에서 직접 다루거나 내용을 인용한 책의 목록은 다음과 같다.

테드 창, N. K. 제미신 외 25명, 《에스에프널》(김상훈 등 옮김, 허블, 2021)

에드워드 윌슨, 《바이오필리아》(안소연 옮김, 사이언스북스, 2010)

《The Nature of Order: An Essay on the Art of Building and the Nature

of the Universe》, Christopher Alexander. Berkeley, Calif.: Center for
Environmental Structure, c2002-2005.
윌리엄 제임스,《심리학의 원리》(정양은 역, 아카넷, 2005)

이 책의 본문을 통해 인용한 논문의 목록은 다음과 같다.

Bernardino, J., Bevanger, K., Barrientos, R., Dwyer, J. F., Marques,
A. T., Martins, R. C., Shaw, J. M., Silva, J. P., & Moreira, F. (2018).
Bird collisions with power lines: State of the art and priority areas for
research. Biological Conservation, 222, 1-13.

Geiger, J. L., Steg, L., Van Der Werff, E., & Ünal, A. B. (2019). A
meta-analysis of factors related to recycling. Journal of Environmental
Psychology, 64, 78-97.

Margetts, E. A., & Kashima, Y. (2017). Spillover between pro-
environmental behaviours: The role of resources and perceived
similarity. Journal of Environmental Psychology, 49, 30-42.

Palomo-Vélez, G., Tybur, J. M., & Van Vugt, M. (2021). Is green
the new sexy? Romantic of conspicuous conservation. Journal of
Environmental Psychology, 73, Article 101530.

Sparkman, G., Lee, N. R., & Macdonald, B. N. J. (2021). Discounting
environmental policy: The effects of psychological distance over time
and space. Journal of Environmental Psychology, 73, Article 101529.

Truelove, H. B., & Nugent, M. R. (2020). Straw wars: Pro-

environmental spillover following a guilt appeal. Journal of
Environmental Psychology, 72, Article 101521.

White, M. P., Bratman, G. N., Pahl, S., Young, G., Cracknell,
D., & Elliott, L. R. (2020). Affective reactions to losses and gains
in biodiversity: Testing a prospect theory approach. Journal of
Environmental Psychology, 72, Article 101502.

Wolsko, C., Lindberg, K., & Reese, R. (2019). Nature-based physical
recreation leads to psychological well-being: Evidence from five studies.
Ecopsychology, 11, 222-235.

Xu, L., Zhang, X., & Ling, M. (2018). Pro-environmental spillover
under environmental appeals and monetary incentives: Evidence
from an intervention study on household waste separation. Journal of
Environmental Psychology, 60, 27-33.

I부 3장 '자연에 반하는 이유'에서 다룬 주의 회복 이론에 대해
서는 아래의 논문을 참고할 수 있다.

Ohly, H., White, M. P., Wheeler, B. W., Bethel, A., Ukoumunne, O.
C., Nikolaou, V., & Garside, R. (2016). Attention restoration theory:
A systematic review of the attention restoration potential of exposure
to natural environments. Journal of Toxicology and Environmental
Health, 19, 305-343.

이 책에 등장하는 여러 자료는 아래의 기관 보고서들에 기초한다. 이들 보고서는 이 책의 주제와 내용에도 큰 영감을 줬다는 사실을 밝혀두고 싶다. 보고서 형식에 익숙한 독자라면 다음 보고서들을 즐겁게 읽으실 것으로 생각한다. 깊이 있고 냉철한 분석뿐만 아니라 자료의 육중한 볼륨감 또한 만족스러우시리라. 물론 아래의 모든 보고서는 일반인에게 공개되어 있다.

IPCC의 〈Climate Change 2021〉. 이 책의 본문에서 '유엔 기후 보고서' 또는 'IPCC 보고서' 등으로 인용됐다. 이 책에 등장하는 기후변화 관련 자료의 근원이다.

유엔 'Department of Economic and Social Affairs'의 〈World Population Prospects 2019〉와 〈World Urbanization Prospects 2018〉. 이 책에서 다룬 인구 변화 관련 자료의 근원이자 관련된 여러 주장의 근거가 되는 보고서들이다.

WWF와 ZSL의 〈Living Planet Report 2020〉, 생태계 다양성 보호와 관련된 자료와 주장의 근거가 된 보고서다.

환경부 〈2020 환경통계연감〉과 산업통상자원부의 〈2017년도 에너지총조사보고서〉. 우리나라의 환경 관련 실태를 다룰 때 주로 참고한 보고서들이다.

7장에서 혐오 정서를 설명하며 예로 든 제이미 올리버의 영상은 유튜브에서 'jamie oliver chicken nuggets' 등으로 검색해보면 어렵지 않게 찾을 수 있다.

| 퀴즈 정답 |

| 1번 | ❷ 룩셈부르크

인구는 60만 명 정도에 불과하지만 '유로 트럭'들이 지나가는 길목에 자리하고 있어서 많은 교통량을 자랑한다. 1번 아이슬란드(인구 37만 명)도 우리나라와 1인당 탄소 배출량이 비등비등한데, 대표적인 탄소 배출 산업인 알루미늄 제련업이 발달해서 그렇다. 이처럼 인구에 비해 특정 산업의 탄소 배출 비중이 높은 나라는 해당 산업을 중심으로 저감 방안을 궁리하면 된다. 하지만 우리나라처럼 산업 구조가 복잡하고 소비자들의 연료·전기 소모가 많은 나라에서는 이런 접근법을 취하기가 어렵다. 소비자가 먼저 움직여야 한다.

| 2번 | ❹ 아프리카들개

아프리카 생태계의 약자로 질병이나 인간 활동에 큰 타격을 받곤 하는 아프리카들개는 멸종 위기종(EN)이다. 특히 어딘가에서 내전이 발생하면 개체 수가 급감하곤 한다. 생존 위기에 몰린 사람들이 고기를 얻고 가죽을 밀매하고 가축을 보호하기 위해 아프리카들개부터 사냥하기 때문이다. 아프리카 대륙의 발전과 평화는 그곳의 야생동물들을 위해서도 꼭 필요하다.

3번의 붉은여우는 세계적으로 봤을 때 '걱정 없어요' 종이지만 우리나라에서는 멸종 위기 1급으로 분류된다. 우리나라 분류 체계상 멸종 위기 1급에는 멸종 위기종뿐만 아니라 호랑이와 표범처럼 이미 사라진 종도 다수 포함되어 있는데, 여우 또한 20세기 후반을 거치며 우리 국토에서 거의 찾아볼 수 없게 됐다. 사람들이 독한 쥐약을 사용하기 시작하면서 쥐를 잡아먹고 사는 여우들이 무수히 죽어 나갔기 때문이다. 2010년대부터는 소백산을 중심으로 여우 복원 노력이 진행되고 있다. 중국이나 러시아에서 도입해온 붉은여우를 번식시키고 방사하는 방식이다. 현재는 방사된 여우들이 3세대까지 번식에 성공한 것으로 파악되고 있다.

| 3번 | ❺ 북한

북한은 유엔 가입국 가운데 CITES에 가입하지 않은 10개 국가 중 한 곳이다. 다른 미가입국으로는 21세기에야 유엔에 가입한 투발루, 동티모르와 더불어 가장 최근 유엔에 가입한 남수단 등이 있다.

지구를 위하는 마음

초판 1쇄 인쇄 2022년 5월 20일
초판 1쇄 발행 2022년 5월 27일

지은이 김명철
펴낸이 김선식

경영총괄이사 김은영
편집인 박경순　**기획** 고래방(최지은)
유영 편집팀 문해림　**책임마케터** 김지우
편집관리팀 조세현, 백설희　**저작권팀** 한승빈, 김재원, 이슬
마케팅본부장 권장규　**마케팅2팀** 이고은, 김지우
미디어홍보본부장 정명찬　**홍보팀** 안지혜, 김은지, 박재연, 이소영, 김민정, 오수미
뉴미디어팀 허지호, 박지수, 임유나, 송희진, 홍수경
재무관리팀 하미선, 윤이경, 김재경, 오지영, 안혜선
인사총무팀 이우철, 김혜진, 황호준
제작관리팀 박상민, 최완규, 이지우, 김소영, 김진경, 양지환
물류관리팀 김형기, 김선진, 한유현, 민주홍, 전태환, 전태연, 양문현
외부 스태프 교정교열 공순례　**디자인** 강경신　**표지그림** 류은지

펴낸곳 다산북스　**출판등록** 2005년 12월 23일 제313-2005-00277호
주소 경기도 파주시 회동길 490
전화번호 02-704-1724
홈페이지 www.dasan.group　**이메일** kspark@dasanimprint.com
종이 IPP · **인쇄** 민언프린텍 · **제본** 다온바인텍
ISBN 979-11-306-0056-7　03300